绘图廉节经典故事

中国古代传统美德经典故事丛书

邓启铜 注释

东南大学出版社
SOUTHEAST UNIVERSITY PRESS

图书在版编目（CIP）数据

绘图廉节经典故事／邓启铜注释. —南京：东南大学出版社，2015.9
（中国古代传统美德经典故事丛书）
ISBN 978-7-5641-5926-9

Ⅰ.①绘… Ⅱ.①邓… Ⅲ.①品德教育-中国-青少年读物 Ⅳ.①D432.62

中国版本图书馆 CIP 数据核字(2015)第 169097 号

绘图廉节经典故事

责任编辑	彭克勇
封面设计	林绵华
出版发行	东南大学出版社
社　　址	南京市四牌楼2号　邮编：210096
出 版 人	江建中
网　　址	http://www.seupress.com
印　　刷	东莞市信誉印刷有限公司
开　　本	787mm×1092mm　1/16
印　　张	12.5
字　　数	250千字
版　　次	2015年9月第1版
印　　次	2017年8月第3次印刷
书　　号	ISBN 978-7-5641-5926-9
定　　价	24.80元

东大版图书若有印装质量问题，请直接向营销部调换　电话：025-83791830

前言

　　中华优秀传统文化是习近平总书记十八大以来治国理念的重要来源。一个国家一个民族的强盛总是以文化兴盛为支撑的，没有文明的继承和发展，没有文化的弘扬和繁荣，就没有中国梦的实现。

　　目前，举国上下都在践行社会主义核心价值观，即"富强、民主、文明、和谐、自由、平等、公正、法治、爱国、敬业、诚信、友善"，就其本质，与我们中华传统美德提倡的"四维八纲"即"孝悌忠信，礼义廉耻"是一致的。

　　民国初年，湖州老儒蔡振绅从小受父亲每晚讲一段古人嘉言懿行的故事教诲，他七岁读完《四书》，十岁读毕《五经》，十一岁读完二十一史及《尔雅》诸书，有深厚的学养和德行。当时中国动荡不安，世风愈下，德教沦丧。蔡振绅先生立志将中国传统美德故事按"孝悌忠信，礼义廉耻"汇集起来教化世人，特别是对孩童进行传统美德的教育。他找到志同道合的朋友，以正史中的故事为依据，共集了七百六十八个精彩故事，配上精美版画，再配以诗词教导儿童，这些故事都是精挑细选，可歌可泣，读后感人至深，每则故事后引用当时贤达人士的评语，发人深省。

　　由于当时时局的动荡，这套《八德须知》未能在社会上广为流布。根据四集自序，当时上海战事忽起，"振绅以二集三万二千部仅寄出三分之一，其已印就而尚未装订者有二万余部在战场之中无法取出……当炮火最烈之日，案前墙垣被震摇动频有崩圮之虞，甚至窗门自动震开，且相离数丈之地发现炸弹一枚亦未爆裂，幸此心未动……。"可以想见此书之不易！所幸三年前我收集到此书，看到如此精美的版画，我惊艳无比！特别是读到这些经典美德故事，让人掩卷沉思。

弘扬优秀中国传统文化，移风易俗，拯救社会道德滑坡，必须从德育教育抓起。必须从中小学少年儿童抓起，这些美德故事，分为孝、悌、忠、信、礼、义、廉、耻八个方面，各九十六则经典故事，这些故事都是历史上耳熟能详的、感人肺腑的典故，少年儿童从小熟悉这些故事，不但可以将中华传统美德植根于内心，更可以熟悉历史，从而受益终生。当然，囿于作者当时所处的社会，他所选取的故事有些明显带有局限性。在今天看来，有些虽符合传统道德标准，却违背了人性，甚至是违背了法制精神。我们在阅读时，一定要注意取其精华弃其糟粕，才符合当前弘扬优秀传统文化的精神。

这些故事，每段仅有八十余字，非常适合少儿阅读，译者注释和翻译了全文。因涉及面太广泛，有些人名、地名未能查到，有些是原书中存在的错误，特别是地名的变迁，非常复杂，来不及细考。书中存在的错讹，敬请读者不吝赐教，以便修订时更正。

邓启铜

2015.6.12

目录

一	大禹克俭	002
二	伊尹耕莘	004
三	刘宠钱清	006
四	孟尝还珠	008
五	杨震四知	010
六	羊续悬鱼	012
七	孔明洁身	014
八	山涛封丝	016
九	隐之饮泉	018
十	虞愿见石	020
十一	甄彬赎苎	022
十二	孙谦感物	024
十三	顾协杖徒	026
十四	孔奂单船	028
十五	赵轨杯水	030
十六	彦谦官贫	032
十七	李勉葬金	034
十八	裴度还带	036
十九	仁谦斥藏	038
二十	包拯贡砚	040
二十一	胡宿葬僧	042
二十二	许衡心主	044
二十三	罗伦还钏	046
二十四	邦耀却竹	048
二十五	子瞀不顾	050
二十六	通妻安贫	052
二十七	娄妻谥夫	054
二十八	终妻灌园	056
二十九	陶妻泣富	058
三十	稷母责金	060
三十一	马后慎微	062
三十二	邓后克己	064
三十三	少君却妆	066
三十四	宗母还鲊	068
三十五	隐妻助廉	070
三十六	若昭高洁	072
三十七	柳韩和丸	074
三十八	赵女覆浆	076
三十九	吴王洁己	078
四十	曹女却赇	080
四十一	蔡氏止盗	082
四十二	郑钱谢姊	084
四十三	姚杨返贿	086
四十四	罗李清介	088

四十五 温常还遗	……	090
四十六 丁香殓银	……	092
四十七 彭陈辞姻	……	094
四十八 玉卿耿介	……	096
四十九 子罕却玉	……	098
五十 原宪辞粟	……	100
五十一 疏广知止	……	102
五十二 子阿委珠	……	104
五十三 子干垦田	……	106
五十四 王忳葬金	……	108
五十五 阎敞还钱	……	110
五十六 董奉治病	……	112
五十七 陆纳杖俶	……	114
五十八 孔顗辞米	……	116
五十九 蔡樽清节	……	118
六十 傅昭静廉	……	120
六十一 姚察辞练	……	122
六十二 眭夸不仕	……	124
六十三 怀慎清俭	……	126
六十四 裴宽瘗鹿	……	128
六十五 郭曜献赐	……	130
六十六 程骧散财	……	132
六十七 温叟封钱	……	134
六十八 冯京拒贵	……	136
六十九 林积还珠	……	138
七十 思永拾钏	……	140
七十一 茂烈安贫	……	142
七十二 一儒肩衾	……	144
七十三 叔姬埋羊	……	146
七十四 乙母让布	……	148
七十五 贞姬辞聘	……	150
七十六 霸妻清节	……	152
七十七 宪英俭约	……	154
七十八 李习求贫	……	156
七十九 姚杨谢姊	……	158
八十 种母林居	……	160
八十一 修母获训	……	162
八十二 曹后止征	……	164
八十三 高后减政	……	166
八十四 刘梁甘粝	……	168
八十五 刘徐怒金	……	170
八十六 谢侯沟篚	……	172
八十七 杨罗出俸	……	174
八十八 昭睿无取	……	176
八十九 马后宝贤	……	178
九十 中妻诵诰	……	180
九十一 郑鼎还帛	……	182
九十二 洪蔡安贫	……	184
九十三 任琛婚嫁	……	186
九十四 潘郭诗诫	……	188
九十五 李林却枋	……	190
九十六 申蒋移衾	……	192

孔明洁身图

一　大禹克俭

夏禹治水　过门不入　菲食恶衣　俭勤莫及

长沙郭孝垣敬绘

[原评] 孔子之称禹，曰："吾无间然矣。"以禹之功高天下，德垂万世。尊为天子，富有四海。而犹菲饮食、恶衣服、卑宫室。民到于今称之。世人曷不以禹为法，克勤于邦，克俭于家，不自满假，则惟女贤。

【原文】 夏禹,娶涂山氏,仅四日,不以私害公,即去治水。后启生,呱呱而泣,禹三过其门而不入。在外八年,功成后,受舜禅为天子。"菲饮食而致孝乎鬼神①,恶衣服而致美乎黻冕②,卑宫室而尽力乎沟洫③。"孔子贤之。

【注释】 ①菲:微薄。②恶:粗劣,不好。黻冕:祭祀时穿的衣服。③卑:低小,浅陋。沟洫:沟渠,这里指农田水利工程。

【译文】 在夏朝的时候,疆土之地曾大发洪水。大禹受帝舜命治水,尽管他当时与妻子涂山氏新婚刚四天,也不为此耽误治水工程。随后他的儿子启出生,呱呱坠地的孩子哭泣不断,但禹三次经过家门口都没有回家。就这样为了治水在外奔波八年。治水工程取得成功后,舜帝把帝位禅让了给禹。孔子曾赞扬禹说:"他自己吃得不好,却把孝敬鬼神的贡品办得丰盛;自己穿得不好,而把祭祀的衣服做得很好;自己住的房屋简陋,却把精力全用于治水工程上。"

一 大禹克俭

二 伊尹耕莘

【原评】伊尹一介不苟,无怪其不受汤币。及汤三使往聘之,遂幡然而起,相汤伐夏救民,以天下为己任。其出也,非为汤也,为救民于水火之中也。一夫不获其所,曰:"时予之辜。"故孟子称其"圣之任者"也。

【原文】 商伊尹,耕于有莘之野①,乐尧舜之道。非其义也、非其道也,禄之以天下,弗顾也。系马千驷,弗视也。非其义也、非其道也,一介不以与人②,一介不以取诸人。汤使人以币聘之③,嚚嚚然曰④:"我何以汤之聘币为哉?"

【注释】 ①**有莘**:古国名,在今山东曹县西北。②**介**:通"芥",芥菜。一介即一粒芥菜籽,比喻细微或微末的事物。③**币**:缯帛。④**嚚嚚然**:自然无欲的样子。

【译文】 商朝伊尹,他在有莘的郊野种田,乐于行持唐尧虞舜的大道。就算给他天下作为俸禄,或者一千辆系着四匹马的车,他也不理会不合义、违背道的事。凡是那些不合于义、违背于道的事物,就算如芥菜籽一样微细的东西,他也不肯给人家,也不肯拿人家的。汤王使人拿缯帛作为礼物去聘请他,伊尹淡然地说:"我要汤王这些聘礼做什么呢?"

二 伊尹耕莘

三 刘宠钱清

劉寵別任　僅受一錢　出境之後　投於深淵

【原评】简除烦苛,禁察非法,郡中即大化,盖以身作则也。狗不夜吠,民不见吏,化亦深矣。有此德政,耆老送别,赍百钱以表微忱。宠勉选一钱,出境即投诸河。名其地为"钱清",永矢弗谖已。

【原文】 汉刘宠,为会稽太守。简除烦苛,禁察非法,郡中大化①。及内调②,有五六老叟,赍百钱送之③,且曰:"自明府下车以来④,狗不夜吠,民不见吏。今逢弃去,故来奉送。"宠选一大钱受之。出境,投之于河。后人因名其河为"钱清"。

【注释】 ①**大化**:广远深入的教化。②**内调**:朝廷职位调动。③**赍**:持,带,送。④**明府**:太守,汉魏以来对郡守牧尹的尊称。

【译文】 汉朝的时候,刘宠任会稽太守。他为该地除去了烦琐苛刻的事,禁止了非法的事,全郡的民众都受到了他广远深入的教化。当朝廷把他调回京城去做官的时候,有五六位长者拿着一百个大钱相赠,并告诉他:"自你到我们这里做官以来,盗贼没有了,所以狗在晚上也不叫了;民众不必为官事连累,于是也看不到衙门里的官吏了。现在你要别我们而去,我们特来把钱馈赠给你。"刘宠选了一个大钱,以示领情。他出郡时,把钱扔到河里去。后人把这条河冠名为"钱清河"。

三 刘宠钱清

四 孟尝还珠

孟尝革弊
合浦还珠
流通商贾
民困以苏

【原评】两汉循吏之传，其民熙熙，如登春台，盖由以德化之也。孟子曰："上下交征利而国危矣。"观于合浦古事，前守贪珠，以致行旅不至。孟尝革弊，期年商贾流通。为人上者，何不自侪于鸾凤，而徒效鹰鹯耶？

【原文】 汉孟尝,为合浦太守①。郡不产谷食,而海出珠宝。先是宰守多贪,诡人采求②,不知纪极③。珠渐徙于交趾④,由是行旅不至,贫者饿死于道。尝到官,革除前弊。未逾岁,去珠复还。百姓渐反其业⑤,商贾流通,称为神明。

【注释】 ①合浦:古郡名,今广西省合浦县。②诡:责成,要求。③纪极:穷尽。④交趾:泛指五岭以南。⑤反:归,回。

【译文】 汉朝的孟尝,任职合浦太守时,合浦这个地方不生产五谷,因沿海而产珠宝。之前在那里任官的多为贪婪之人,责成别人去采求珠宝,永无满足,海里的蚌珠逐渐迁徙到交趾去了。这么一来,其他地方的商人再不来合浦了。本郡内贫穷的人也难以维持生计,多饿死路上。孟尝到任后,革除前弊,不到一年,徙去的蚌珠又回来了。百姓逐渐恢复以前的采珠职业,商贾又回来做生意了。大家都说孟尝像神明一样。

四 孟尝还珠

五 杨震四知

東漢楊震
公廉無私
王密夜贈
告以四知

【原评】止净谓：震之子秉、孙赐、曾孙彪，四世三公，皆赖震之四知自惕。善以清白遗子孙，故能世济其德。世之真爱其子孙者，少必诲之以戒杀，俾完其仁厚之心；长必诲之以戒贪，令成其清白之操可也。

【原文】汉杨震，为东莱太守①。故所举茂才王密为昌邑令②，夜怀金十斤以遗震③。震曰："故人知君，君不知故人，何也？"密曰："暮夜无知者。"震曰："天知，地知，子知，我知。何谓无知？"密愧而出。震公廉，不受私谒，子孙尝蔬食步行。

【注释】①东莱：在今山东省烟台、威海一带。②茂才：即秀才。因避汉光武帝刘秀讳而改"秀"为"茂"。昌邑：古县名，治所在今山东省巨野县大谢集镇前昌邑村。③遗：馈赠。

【译文】汉朝的时候，杨震任东莱太守。杨震曾经举荐过的秀才王密，现在已经是昌邑的县令了。一天晚上，王密怀着十斤黄金前来馈赠给杨震。杨震说："作为老朋友，我了解你，怎么你却不明白我呢？"王密说："深夜里，这事没人知道的。"杨震说："天知道，地知道，你知道，我也知道。怎么可以说没人知道呢？"王密听了后，惭愧地走了。杨震为人公正廉洁，不私下接受别人拜谒。他的子孙，也常常饮食清淡，出门步行不用车子。

五 杨震四知

六　羊续悬鱼

太守羊续卻献悬鱼
缊袍示帝清介非虚

【原评】鲁公仪休以嗜鱼故,而不受客之鱼,已为美谈矣。乃羊续竟悬鱼,而俟其复进以示之,于人不伤感情,于己不失清节。且可杜绝人之复进,一举而数善备焉。今之不得已而受人馈者,盍仿羊续行之?

六 羊续悬鱼

【原文】汉羊续,以功臣后,累官太守,清介自持。府丞尝献生鱼①,续受而悬之。丞又进,续乃出前鱼示之,以杜其意。灵帝欲拜续为太尉②。时进三公者③,皆输东园礼钱三万④。续乃举缊袍示之⑤,曰:"臣之所有,惟此而已。"

【注释】①**府丞**:辅助太守的官。②**太尉**:掌武之官,与丞相同等级别。③**三公**:古代朝廷中最高的三个官衔的合称。周朝以太师、太傅、太保为三公。东汉以太尉、司徒、司空为三公。④**输**:献纳。⑤**缊袍**:混合新旧棉絮的袍子。

【译文】汉朝羊续,是功臣后代,数次升迁后当上了太守,自持廉洁。有一次,他的副官给他送来一条生鱼,他接受后把鱼悬挂起来。第二次,副官又要送他一条生鱼,他拿出上次那条鱼给副官看,以杜绝其送礼之意。灵帝想拜羊续为三公之一的太尉。当时,凡是升官到三公之位的,都要向东园衙门献纳三万礼钱。羊续举起自己那件破旧布棉袍子,说道:"做臣子所有的家产,就只有这个了。"

七 孔明洁身

【原评】先君谓诸葛武侯,奇才也。后汉四十四年基业,非侯焉能创此?先主病笃,且谓之曰:"嗣子可辅,辅之;如其不可,君可自取。"是岂先主尚不知侯之廉洁耶?盖深知后主昏暗也。自表之文,亦只以悟之耳。

【原文】蜀汉诸葛亮,字孔明。自表后主曰①:"成都有桑八百株,薄田十五顷。子弟衣食,自有余饶。至于臣在外任,随身衣食,悉仰于官,不别治生,以长尺寸。若臣死之日,不使内有余帛,外有赢财,以负陛下。"及卒,如其所言。

【注释】①**表**:奏章的一种,多用于陈情谢贺。**后主**:前代君主的后代。此指刘禅。

【译文】三国时代,蜀汉宰相诸葛亮,字孔明。他上表后主刘禅说:"为臣在成都的家里有八百株的桑树、一千五百亩薄田,我家子弟吃的穿的,已经绰绰有余了。为臣在外做官,穿的吃的都有俸禄支撑。这以外就不再做其他生财事业,替家里增加财产了。为臣死的那一天,必不令家庭内外有多余的布帛钱财以辜负君王。"待他死时,果然如他所说的一样。

七 孔明洁身

八 山涛封丝

晋山涛不受馈丝藏年积尘如故封

[原评] 巨源为吏部尚书,却受毅丝百斤,岂不可以风于世?乃不欲异于时,又不愿损其德。藏丝阁上,积年尘埃,印封如故。盖不欲彰人之短,是廉而宏其量者。王戎目之为璞玉浑金。人莫知其器,不亦宜乎?

【原文】晋山涛①,器量不群②,少与阮籍为竹林游。领吏部时③,袁毅为鬲令④,贪浊,常赂遗公卿,以求虚誉。亦遗涛丝百斤,涛不欲异于时,受而藏于阁上。后毅事露,凡所受赂,皆见推检⑤。涛乃取丝付吏,积年尘埃,印封如故。

【注释】①山涛:晋代竹林七贤之一。②不群:与别人不一样。③领:率领。④鬲:在今山东省安德县北。⑤推检:审问检查。

【译文】晋朝山涛,他的器量与众不同。年少时就与阮籍等人结为"竹林七贤"。当他领导吏部的时候,袁毅在鬲担任县令。袁毅性格贪浊,常常贿赂朝廷官员,以求名誉。他曾送给山涛一百斤蚕丝。山涛心里不愿意接受,但为了不与时风相左,也就收下了,并把这些丝束之高阁。后来袁毅贪赃的事情败露了,凡受过他贿赂的人都被审问检举了出来。山涛把收下的蚕丝交了出来,只见蚕丝上布满尘埃,且封印完好。

八 山涛封丝

九 隐之饮泉

隐之孝廉
可风百世
试饮贪泉
清操愈励

【原评】隐之日晏歠菽,不飨非其粟;儋石无储,不取非其道。官至太常,以竹篷为屏风,坐无毡席。嫁女,令婢牵犬卖之,此外萧然无办。至自番禺,其妻赍沉香一片,隐之投于湖亭之水。其廉德不可胜数也。

【原文】晋吴隐之,文行兼优,为广州刺史。未至州二十里,地名石门,有水名贪泉,饮者辄怀无厌之欲①。隐之乃至泉所,酌而饮之,因赋曰:"古人云此水,一歠怀千金②。试使夷齐饮③,终当不易心。"及在州,清操愈励。下诏褒美。

【注释】①**无厌之欲**:无尽的贪欲。②**歠**:饮。③**夷齐**:伯夷和叔齐,商末孤竹君的儿子,相传其父遗命要立次子叔齐为君。孤竹君死后,叔齐让位给伯夷,伯夷不受,两人先后逃到周国,周武王伐纣,二人叩马谏阻,武王灭商后,两人耻食周粟,采薇而食,饿死于首阳山。封建社会把他们当作抱节守志的典范。

【译文】晋朝吴隐之,他品学兼优,任广州刺史。在离广州府不到二十里处,有个叫石门的地方,那里有一眼泉水名贪泉。传说凡饮了贪泉水的人,都会有无尽的贪欲。吴隐之到了贪泉,喝罢泉水,作了一首诗:"古人云此水,一歠怀千金。试使夷齐饮,终当不易心。"诗的意思是说,古人都说喝了这个水就会有贪取千金的念头,但是就算叫伯夷、叔齐来喝这个水,他们应当是也不会改变志向的。吴隐之到了广州后,在任上操行愈发廉洁。皇帝也下诏书去褒奖赞美他。

九 隐之饮泉

十 虞愿见石

虞愿清廉
海边有石
乃往观之
云霄无隔

【原评】许止净曰：一念慈心，遂感物类有依依不舍之意。然则所谓毒蛇者，人自毒之耳。石能判贪廉，此何殊于指佞草耶？如此可宝贵之物，何以无闻于天下？岂以清廉绝迹，如珠之远徙交趾乎？噫！

【原文】南宋虞愿,为晋安太守①。郡出蚺蛇②,胆可为药。有遗愿蛇者,愿受而放之二十里外山中。一夜,蛇还床下,复送四十里外。经宿,更还故处。海边有越王石,常隐云雾中,相传惟清廉太守乃见。愿往观,清彻无隐蔽。

【注释】①晋安:晋武帝太康三年分建安郡地设晋安郡,治所侯官县,今福州鼓楼区。②蚺蛇:一种大蛇。

【译文】南北朝时期的南宋朝,虞愿任晋安太守。晋安有一种蚺蛇,这种蛇的胆可以做药。有人送蚺蛇给虞愿,虞愿接受后把蛇放到二十里以外的山中。仅一夜工夫,那条蛇又回到虞愿的床下。虞愿再把蛇送到四十里远的地方,过了一个晚上,蛇还是回到虞愿的床下。海边有一块越王石,一年四季几乎都隐藏在云雾中。传说只有清廉的太守才能够看到这块石头。虞愿去看的时候,那块石头清晰地露了出来。

十 虞愿见石

十一 甄彬赎苎

甄彬赎苎
得五两金
送还寺库
朝野同钦

【原评】许止净曰：传云"君子见其大者远者，小人见其小者近者。"无故而得五两金，此其小者近者；还金而得廉名，此则大者远者。君子见利思义，身名俱泰，即大利所存；小人见利忘义，身且不保，利何有焉？

十一 甄彬赎苎

【原文】梁甄彬,尝以一束苎①,就寺库质钱②。后赎苎,于束中得五两金。彬送还寺库。武帝为布衣时,闻之。及践阼③,以彬为郫县令④。将行,同列五人,帝诫以廉慎。至彬,独曰:"卿昔有还金之美,故不复相嘱。"由此名德益彰。

【注释】①苎:植物名,苎麻。②质:抵押,典当。③践阼:指当上皇帝。④郫县:今在四川省县名。

【译文】南北朝时期梁朝的甄彬,有一次拿了一束苎麻到寺观的钱库典当换钱。当把这束苎麻赎回的时候,他发现苎麻里面有五两金。甄彬把这些金子送还到寺库。梁武帝还是平民的时候,就听到过这件事。等到他做了皇帝,就封甄彬为郫县县令。与甄彬一起将上任的五个人,武帝都警诫他们要廉洁谨慎。轮到甄彬,武帝单独对他说:"你以前有退还金子美德,我就不再嘱咐你了。"因此,甄彬的声誉品德就更加显扬了。

十二 孙谦感物

孙谦去官
借居马厩
孚及蚋蚊
化及猛兽

【原评】 许止净谓：真为循吏者，自身虽无私宅帱帐，而百姓饷金宝，必谢绝之。而为贪吏者，百姓虽无私宅帱帐，且必强其纳金宝。故循吏所治，虽有猛兽，不敢为暴；贪吏所治，自身即是当道豺狼也。

【原文】梁孙谦,历官太守,有仁政。蛮獠竞饷金宝①,不纳;百姓载送缣帛,不受。每去官,辄无私宅,借空车厩居焉②。零陵郡多猛兽③,谦至绝迹,去复害人。居官俭素,冬则布被莞席④,夏无帱帐⑤,而夜卧未尝有蚊蚋⑥。人多异之。

【注释】①獠:中国古族名。②车厩:车房。③零陵:在湖南省。④莞:俗名水葱、席子草。⑤帱帐:床帐。⑥蚋:蚊类害虫。

【译文】南北朝时代梁朝孙谦,屡任太守,施行仁政。蛮夷之人争相给他送钱财,他一律不收,老百姓给他送绸绢布帛,他也不收。每次上任都没有占据私房,只是借住空置的车房。零陵郡这个地方向来多猛兽,孙谦一到任,猛兽就没有了。等到孙谦调离,猛兽又出来害人。孙谦在衙内居住得很俭朴,冬天睡的只是布被粗席,夏天睡觉没有帐子,但也没有蚊虫来叮咬他。大家都觉得很奇怪。

十三　顾协杖徒

顾协清严
僚友舌蹙
门生送钱
杖以二十

[原评] 许止净曰：协之廉洁，能令同僚不敢赠衣，其人格又高人一等矣。门生饷钱二千，即杖之二十。较杨震四知，愈臻严厉。盖世风日趋卑下，自爱者不得不加严也。

十三 顾协杖徒

【原文】梁顾协,初为廷尉①。冬衣单薄,寺卿蔡法度欲解襦与之②,惮其清严,不敢启口。尝有门生来,知协廉洁,不敢厚饷③,止送钱二千。协怒,杖之二十。因此绝于馈遗。丁忧后④,终身不娶。后因聘妇年六十余未嫁⑤,义而迎之。

【注释】①**廷尉**:掌管刑狱之官。②**寺卿**:九寺大卿的简称,亦泛称显宦。**襦**:短衣。③**饷**:赠送。④**丁忧**:遭逢父母丧事。⑤**聘妇**:已定过亲而未娶过门的妻子。

【译文】南北朝时代梁朝的顾协,在初任廷尉时,在冬天里穿着单薄的衣服。寺卿蔡法度想把自己的短衣脱了给他穿,但惧怕顾协的清正严厉而不敢开口。有一次,顾协的门生知道他向来廉洁,不敢送给他厚礼,只是送了他二千钱。顾协非常生气,把门生打了二十杖。从那次之后,再也没人够胆馈赠于他了。顾协的父母去世后,他就终身不肯娶亲。后来顾协知道了和自己订婚但未娶入门的聘妇六十多岁都没有嫁人,被她的义气感动就娶了她。

十四 孔奂单船

孔奂清白
赴任单船
俸分孤寡
不受衣毡

【原评】 孔休文，靖之来孙也。少孤，为叔父虔孙所养。永定中，除晋陵太守。晋陵自宋齐以来为大郡，虽经寇扰，犹为全实。前后二千石，多行侵暴。惟奂清白自守，单船赴郡。应得俸秩，且分赡孤寡，况衣毡乎！

十四 孔奂单船

【原文】陈孔奂,除晋陵太守①,清白自守。妻子并不之官②,惟以单船临郡。所得俸秩③,随即分赡孤寡④。郡中号曰"神君"。殷绮见其俭素,馈以衣毡一具。奂曰:"太守身居美禄,岂不能办此?但百姓未周,不容独享温饱。不烦厚意。"

【注释】①除:拜官,授职。晋陵:即今江苏省常州。②之官:上任,前往任所。③秩:俸禄。④赡:供给,供养。

【译文】南北朝时代陈朝的孔奂,任晋陵太守,为人清白自守。他妻子不跟着他去上任,他只是自己一个人坐船到晋陵去。他每得俸禄,随即就分给那些没有亲人的贫苦大众。那一郡的百姓都称呼他为"神君"。殷绮见孔奂这么俭朴,就送给他一套衣毡。孔奂说:"我身为太守,享受着很好的俸禄。难道我没能力买这些衣物吗?但百姓生活还不周全,我不能够独自享受温饱。你的厚意,大可不必。"

十五 赵轨杯水

赵轨酬值
驻马待明
父老挥涕
杯水饯行

【原评】 桑椹，微物耳，况自落乎，而必拾还其主；田禾，马伤耳，况夜行乎，而必待酬其直。是较之查道因献枣而挂钱于树，仲山因饮马而投钱于渭，更甚焉。杯水饯行，非特喻清如水。其德泽长流，亦如此水矣。

十五 赵轨杯水

【原文】隋赵轨,为齐州别驾①,东邻有桑椹落其家,悉拾还主。为原州司马②,夜行,马逸入田③,伤禾。驻马待明,访禾主,酬直而去④。徵入朝,父老相送者齐挥涕曰:"公清若水,故不敢以壶酒相送,请酌一杯水奉饯。"轨笑而饮之。

【注释】①齐州:今山东济南。别驾:官名,州刺史之佐史。②原州:今甘肃省固原县。司马:掌军旅之官。③逸:奔跑。④直:价值。

【译文】隋朝时的赵轨,在齐州时担任刺史的下属时,邻居家种的桑椹子落到他家里,他就把桑椹拾起送回邻家去。在原州任司马时,夜里骑马行走时,那匹马跑到农田里,踏坏了禾稻。赵轨驻在那里,天亮后找到禾田的主人,按价赔偿。赵轨被征召入朝廷的时候,送他的乡亲父老流着泪说:"您和水一样清洁,我们不敢拿酒来相送,就用一杯清水送别你吧。"赵轨笑着把那杯水喝下了。

十六 彦谦官贫

彦谦为令
慈父爱民
人因禄富
我独官贫

【原评】称官为慈母,或视为严父者有之,未闻有号为慈父者也。诗云:"岂弟君子,民之父母。""慈父"之称,适足以概之。然非至德,其孰能致此?为民父母者,当知名必符实。斯可矣!

【原文】隋房彦谦,字孝冲,直道守常,介然孤立①。居官有惠政,百姓号为"慈父",立碑颂德。所得俸禄,皆以周恤亲友,家无余资。虽至屡空,怡然自得。尝顾谓其子玄龄曰:"人皆因禄富,我独以官贫。所遗子孙者,在于清白耳。"

【注释】①介然:正直高洁;坚正不移。

【译文】隋朝时代的房彦谦,字孝冲,为人正道守常法,耿介高洁,不附和他人。为官时施展仁政,百姓们都称他为"慈父",且立碑歌颂他的德行。房彦谦把俸禄都用于周济亲戚朋友,自家没有留下多余的财产。虽然家里资财常常不济,但他怡然自得。房彦谦曾对他的儿子房玄龄说:"别人都是因为做了官而家里变得富有,而我却因为做了官,家里变得贫穷。我所遗留给子孙的就只有'清白'之道了。"

十六 彦谦官贫

十七 李勉葬金

李勉少贫,
友死出金,
葬馀不取,
棺下明心。

[原评] 勉为广州刺史兼岭南节度观察使时,在官累年器用车服无增饰。及归,停舟石门,悉取家人所贮南货,投之江中。许止净谓:贫穷不受遗金,显达自能廉介。骨鲠大臣,又能礼贤下士。不愧贤宰相!

【原文】唐李勉,少贫。客游梁宋①,与诸生共逆旅②。生将死,出白金③,曰:"左右无知者,幸君以此葬我,余则君自取之。"勉诺。既葬,密置余金棺下。后其家启墓,出金还之。勉位将相,所得俸赐,悉遗亲党。在朝鲠亮廉介④,为宗臣表⑤。

【注释】①梁宋:即梁郡改称宋州,在河南省。②逆旅:客舍,旅馆。③白金:指银子。④鲠:正直。⑤宗臣:与君主同宗之臣。表:表率,榜样。

【译文】唐朝的李勉,少时穷苦。一次,他至河南宋州去游玩的时候,与诸生住在同一家旅馆,一个书生得病将死,拿出银子对李勉说:"这个银子无人知晓,请你用来埋葬我吧。剩余的银子,你就自己拿去吧。"李勉答应了他。埋葬书生时,他暗地里把多余的银子放在棺木下面。后来书生的家人来拆坟搬取棺木时,李勉就把埋在墓底的银子拿出来还给他们。后来李勉做官做到了出将入相的地位,他把所得的俸禄、赏赐全部分给亲戚党人。李勉在朝廷里,正直忠诚,廉洁刚介,是李姓朝臣的榜样。

十八 裴度还带

裴度遇妇
遗带未知
收待明日
妇至还之

【原评】许止净谓：君子小人，其分途只在贪之一念。裴晋公贪欲净尽，不惟遗物无动于中，即死生亦置之度外。心量广大，故福德亦广大。若真以拾遗不取，欣欣有德色，则受福微矣。

【原文】唐裴度，偶至香山寺，见一妇祈神礼拜去，遗一褆褶①，乃收待之。明日，妇哭至，曰："父系狱，昨假得玉带一②，犀带二，欲以赂津要③，不幸亡失于此。"度解袱视之，不差，乃还之。妇泣拜，留一以谢，度笑遣之。

【注释】①褆褶：包裹。②假：借。③津要：身居要职的人。

【译文】唐代的裴度，偶然一次去到香山寺，看见一个女子在拜神祈祷，她离开的时候把一个包裹遗下了。裴度将包裹收好，待她来取。第二天，那个女子哭着来到寺院，说："我父亲关在牢狱里，我昨天借到玉带一条、犀带两条，准备用来打点身居要职的有关官长，谁知不幸在这里遗失了。"裴度解开收好的包裹察看，里面的物件与女子说的一样，就把包裹还给她了。女子流泪拜谢，要留下一条带送给裴度做谢礼，裴度笑着回绝了，并叫她回去。

十八 裴度还带

十九　仁谦斥藏

薛氏仁谦
人佔其宅
後得歸還
出彼金帛

[原评] 许止净曰：人占其宅，而厚藏金帛。迨至物归原主之时，人岂不谓之因果循环，分所应得耶？然此即《左传》所谓尤而效之，罪又甚焉。仁谦尽出所藏而后入，令怙势贪财者，惭愧无地。宜天报之厚也。

【原文】 后周薛仁谦①,谨厚廉恪,初随庄宗入汴②。有旧第,为梁朝六宅使李宾所据③。后宾远适,而仁谦复得其第。或告云:"宾之家属,厚藏金帛在其第内。"仁谦立命宾亲族,尽出所藏而后入。论者美之。后封侯,卒年七十八。

【注释】 ①**后周**:五代十国时期的最后一个朝代,郭威灭后汉,国号周,史称后周。②**汴**:即今河南省开封市。③**六宅使**:官名。

【译文】 五代时期后周朝的薛仁谦为人谨慎忠厚,清廉恭敬。初时,他跟随庄宗皇帝去了汴州,他的旧房子被后梁朝的六宅使李宾霸占了。随后李宾去了其他地方,薛仁谦又得回了自己原来的房子。有人告诉薛仁谦:"李宾的家人在房子里藏了很多金银布帛。"薛仁谦听了,立刻差了人去叫李宾的亲属来,把以前李宾藏的财物全部取走,然后才搬进屋子里。大家都赞美他。薛仁谦后来封了侯爵,活到七十八岁才死。

十九 仁谦斥藏

二十 包拯贡砚

宋有包拯
出知端州
製貢足數
一硯不留

【原评】按：公性峭重刚毅，为政务敦厚。虽嫉恶如仇，而未尝不推以忠恕。服用喜俭朴，虽贵如布衣。贵戚宦官，为之敛手；童稚妇女，亦知其名。京师为之语曰："关节不到，有阎罗包老。"以其笑比黄河清云。

【原文】宋包拯，知端州①。端土产砚。前守缘贡，率取数十倍，以遗权贵②。拯命制者方足贡数。岁满，不持一砚归，平生无私蓄。尝遗戒子孙曰："吾后人仕宦，有犯赃者③，不得放归本家，不得入大茔中④。不从吾志，非吾子孙也。"

【注释】①端州：今广东高要。②遗：赠送。③赃：贪污受贿。④茔：坟墓。

【译文】宋朝的包拯，曾在端州任职知州。端州是出产砚石的地方。从前在这里做官的人，都借着进贡皇上的名目，多取进贡数目几十倍的砚石，用来送给达官贵人。包拯叫砚石工人只做够进贡的数目就行了。包拯任满离开时，没有带走一块砚石。他平生没有私下积累钱财。曾经警诫子孙说："我的子孙做官，如果贪污受贿的话，就不准他回到自己家里来，死了也不准葬在家族大坟里。倘若不照着我的志向行事，就不算我的子孙了。"

二十 包拯贡砚

二十一　胡宿葬僧

胡宿葬僧
盡力盡心
不受祕術
點石成金

【原评】 按胡氏自宿始大，莫非阴德所致。许止净谓今之执政者，每恨点金无术，何意宿贫贱时，已不屑为耶。盖深知欲齐家治国者，富以外，更大有事业在。唐虞三代之盛，不重在富也。故曰"志未可量"。

二十一 胡宿葬僧

【原文】宋胡宿,清谨忠实。居母丧,三年不入私室①。少与一僧善,僧有秘术,能化瓦石为黄金,将死,以授宿,使葬之。宿曰:"后事当尽力,他非所冀②。"僧叹曰:"子志未可量也。"宿虽贵达,如布衣时。子宗炎、从子宗愈③、宗回,俱贵显。

【注释】①私室:寝室。②冀:冀望。③从子:侄子。

【译文】宋代的胡宿,为人清正谨厚,忠信诚实。他守母丧时,遵照古代丧礼,整整三年没有进过自己的寝室。胡宿小时候与一个和尚很要好,和尚有个神秘法术,能够把瓦片石块变成黄金。和尚将死的时候,想把法术传授给胡宿,希望胡宿能够安葬他。胡宿说:"你的后事,我自会尽力,但不会有别的冀望。"和尚听了赞叹道:"你的志向不简单啊!"胡宿后来做大官,但一切生活都和做平民时一样。他的儿子宗炎,侄子宗愈、宗回,都成为了显贵的人。

二十二 许衡心主

許衡暑日
止於道旁
梨非我有
忍渴不嘗

【原评】许止净谓：导之以礼义，则物各有主；恣之以邪侈，则物皆无主。任意肆夺，见金不见人矣。君子小人之分，义利之间而已。许衡自正其心，遂使化行一乡。士君子欲正己化人者，可不知所本乎？

【原文】 元许衡,尝于暑日过河南,渴甚。道旁有梨,众取啖之①,衡独危坐不顾②。或问之。衡曰:"非其有而取之,不可也。"或曰:"世乱,此无主。"衡曰:"梨无主,吾心亦无主乎?"卒不取。后其乡有果熟烂堕地,童子过之,亦不睨视而去③。

【注释】 ①啖:吃。②危坐:正身而跪,以表示严肃恭敬。③睨视:斜视。

【译文】 元代的许衡,有一次在大暑天里路过河南,非常口渴。路旁有梨树,大家见了,都抢着摘梨子吃。许衡独自一人端正地坐着,也不去看他们。有人问他:"为什么不摘点梨子吃解渴呢?"许衡说:"不是我的东西,是不可以摘取的。"那人说:"世道已乱,这梨是没有主人的。"许衡道:"梨子没有主,难道我的心也没有主吗?"他始终不拿梨子吃。后来许衡居住的乡村里,果树的果实熟透了掉在地上,小孩子走过也不斜眼去看视。

二十二 许衡心主

二十三　罗伦还钏

罗伦赴闱
仆拾金钏
宁误试期
返还无倦

【原评】罗状元还钏，不惜舍己功名以赴之。似出于仁，非出于廉也。然伦五岁随母入园，果落，众竞取，伦独赐而后食。晨留客饭，妻子贷粟邻家，及午方炊，不为意。知府张瑄悯其贫，周之粟，不受。廉德孔多已。

【原文】 明罗伦,赴试礼闱①,仆于寓中拾金钏。行已五日,伦偶忧路费不给,仆以拾钏对。伦怒,欲赍还。仆曰:"如此往返,误试期矣。"伦曰:"此必婢仆失遗,设主人考讯致死②,是谁之咎?吾宁不会试,毋令人死也。"竟返其家,还之。

【注释】 ①礼闱:礼部进士的科举考试。②考讯:拷问。

【译文】 明代的罗伦,赶赴京城考科举。他的仆人在寓所里拾到金镯子。他们离开寓所,在路上已经五天了。罗伦偶然担心自己的路费不够,仆人说:"我拾到了金镯子,可以做路费用。"罗伦听了很生气,要他回去还给人家。仆人说:"这样来回一趟,恐怕会耽误了考试日子呢。"罗伦说:"这一定是丫头女仆不小心遗失的。倘然她们的主人拷问起来,她们因此丢了性命,这是谁的过错引起的?我宁可不去考试,也不能让人家丧命。"他们最后还是返回寓所,奉还了金镯子。

二十四　邦耀却竹

明施邦耀
共惊为神
却未墨竹
好学守仁

【原评】许止净谓：邦耀"我若受之，彼即得乘间以尝我"二语，最为见道之言。夫人于性情之间，好恶之际，偶有所偏，最易使人乘间而入。《大学》云："有所好乐，则不得其正。"斯修身者万世之准绳也。

【原文】明施邦耀，好王守仁之学①。为漳州知府②，尽知属县奸盗主名，每发辄得，阖境惊为神③。迁福建布政使，或馈之朱墨竹，姊子请受之。曰："我受之，彼即得乘间以尝我④，我则示之以可欲之门矣。"竟却而不受。

【注释】①王守仁：明代著名哲学家、文学家。②漳州：地名，在福建省。③阖：全部，整个。④乘间：趁机。尝：试探。

【译文】明代的施邦耀，喜欢研究王阳明先生的学问。他在漳州做知府的时候，对属下县区里作奸犯科的头目知道得清清楚楚。每次事发，他都能够立刻捉到主犯。整个地方的人都感到震惊，视他为神明。当他做福建的布政使时，有人送给他朱墨色的竹子。他姐姐的儿子叫他收下，他说："我收了，他就可以趁机试探我，从而看出我有什么欲望需要满足。"施邦耀最终还是拒绝收这些竹子。

二十五　子瞀不顾

子瞀滕楚
直行徐步
澹泊为心
富贵不顾

【原评】吕坤曰：好视喜听，女子常态也。子瞀不顾楚王，可以观闲定之养；许以富贵不动，可以观澹泊之心。一顾不顾也，而天下闻其贤，后世仰其德。然则女子一言一动，可不慎乎？

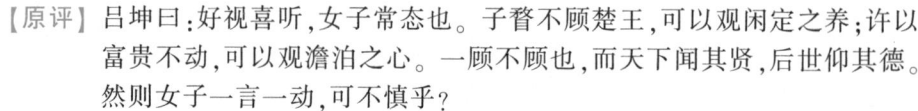

【原文】周郑子瞀,媵于楚①。成王登台,临后宫②,宫人皆倾观。子瞀直行不顾,徐步不变③。王曰:"行者顾。"子瞀不顾。王曰:"顾,吾以汝为夫人。"子瞀复不顾。王曰:"顾,吾与汝千金。"子瞀仍行不顾。王下台,询知其守仪节,不贪贵乐利。遂立为夫人。

【注释】①媵:陪嫁。②临:从上向下看。③徐步:缓行。

【译文】周朝郑国的子瞀,陪嫁到楚国去。有一天,楚成王登台,俯看后宫,后宫的人全部跑出来观望楚成王。子瞀直行不回头,没有观看成王,从容慢步走且面不改容。楚成王说:"慢慢行走的人,你回过头来。"子瞀没有回头。楚成王又说:"回过头来,我立你为夫人。"子瞀还是没回头。楚成王又说:"回过头来,我给你一千两银子。"子瞀仍旧走着不回头。楚成王走下台,询问了一番,知道子瞀是很守仪节,不贪贵爱财,就立了她做夫人。

二十五 子瞀不顾

二十六　通妻安贫

狂接舆妻
操行清谨
耕食绩衣
拒聘偕隐

【原评】接舆以隐为义,躬耕不仕,岂将老而遗之哉?而其妻操行清谨,尤足多也。刘向谓接舆妻乐道而远害。夫安贫贱而不怠于道者,唯至德者能之。《诗》曰:"肃肃兔罝,椓之丁丁。"言不怠于道也。

【原文】周陆通，字接舆。有狂名①，楚人号曰"狂接舆"。王使持金百镒②、车二驷，聘之。接舆不应。妻曰："士不以贫易操，不以贱改行。妾事先生，躬耕而食，亲绩而衣③，其乐自足。若受人重禄，将何以报之？"接舆曰："吾不许也。"妻曰："君使不从，非忠也；从之又违，非义也。不如去之。"遂偕隐。

【注释】①狂：狂放不羁。②镒：古代计量单位。③绩：缉麻。把麻析成细缕捻接起来。

【译文】周朝的陆通，字接舆，有狂放不羁的名声，楚国人把他叫做"狂接舆"。楚王差人带了二千四百两金子、两乘驾着四匹马的车子去聘请他出来做官。陆接舆不肯答应。他的妻子说："读书人不因为穷苦而改换操守，不因为卑贱而改变行为。现在我服侍你，吃的是自己种的，穿的是自己织的，自乐自足。假使受了人家厚重的俸禄，将要怎样去报答他们呢？"陆接舆说："我不答应他们去做官。"他的妻子说："不答应君王的使者，是不忠；答应了又违约不去，是不义。还不如去隐居为妙。"于是两夫妻就隐居起来。

二十七　娄妻谥夫

鲁黔娄妻
谥夫以康
覆衾必正
不敛何妨

【原评】吕坤曰：黔娄之妻，圣人之识趣也。千古而下，令人起敬。彼妇人衣锦绣、耀金珠、傅朱粉，以财色骄人，而抵死口中无一道义语，甚者怨夫家之贫而求去，如朱买臣妻者，可为三叹。

【原文】周鲁黔娄,乐道安贫。及卒,枕墼席藁①,缊袍不表②,覆以布衾,首足不尽敛。曾子往吊③,见之,曰:"邪引其被④,则敛矣。"娄妻曰:"邪而有余,不如正而不足。先生生时不邪,死可邪乎?"曾子曰:"何以为谥⑤?"妻曰:"先生富贵有余,皆辞不受,宜以'康'为谥。"

【注释】①墼:砖。藁:稻、麦等的秆。②缊袍:混以新旧棉絮做的袍子。不表:就不要说了。③吊:祭奠死者。④邪:偏斜。⑤谥:古代有身份地位的人死后,据其生前业迹评定的带有褒贬意义的称号。

【译文】周朝鲁国的黔娄,乐于大道,安心守贫。死时,头枕砖坯,身躺稻草,穿着的那件破棉袍就不要说了,身上盖的一层布被,不能够把头和脚都遮住。曾子去祭奠他,见状说道:"只要把那被子斜着盖,就可以同时遮敛到头和脚了。"黔娄的妻子说:"与其斜敛有余,不如正敛不足。先生活着的时候,不肯做一点不正派的事,难道死了就可以用布斜敛吗?"曾子说:"那他的谥号是什么呢?"黔娄的妻子说:"先生命中富贵本来是有余的,他都辞去不愿接受。他的谥号应该是'康'。"

二十八　终妻灌园

子终之妻
勤其夫
拒聘偕逃
安贫不仕

【原评】吕坤谓：仕，非不义也；不仕，非达节也。乃若不戚戚于贫贱，不眈眈于富贵。求之妇人，盖亦难矣。余故录"黔娄之妻"、"子终之妇"二则，以为乐道安贫之训云尔。

【原文】 周楚王闻於陵子终贤①，使持金百镒，聘以为相。其妻曰："夫子织履以为食②，左琴右书，乐亦在其中矣。夫结驷连骑，所安不过容膝；食前方丈③，所甘不过一肉。今以容膝之安、一肉之味，而殉楚国之忧④，可乎？"子终谢使者而不往。遂偕逃，为人灌园。

【注释】 ①於陵：在今山东省周村及邹平东南。②履：草底鞋。③方丈：一丈见方。④殉：为某种理想或目的舍弃自己生命。

【译文】 周朝时，楚王听说於陵的子终很贤明，就差人带了二千四百两金子去聘他为宰相。子终的妻子说："你靠织草鞋养活自己，弹琴读书，乐在其中。要知道，家里有系着四马的车，也只需要摆放膝盖那么一小点地方；饭桌上放着很多食物，吃着觉得甘美的，也就是一点点肉。现在为了容膝安适的小地方、一块肉的美味，就以性命担负着楚国的忧患，你说这样行吗？"子终辞谢了楚王的差人，不去做相国。两夫妻一起逃走，帮人家灌溉园林。

二十八 终妻灌园

二十九　陶妻泣富

陶妻家富
預泣其夫
被逐夫死
復歸養姑

[原评] 吕坤曰：安危利灾，此举世丈夫所暗，不独一答子也。不意妇人乃审于利害之机，而独有败亡之惧，卒如所言。吾录之以为仕者之诫。又以愧世之妇人，见其夫财货盈室，而心喜色动者。

二十九 陶妻泣富

【原文】周陶答子,治陶三年①,名誉不兴,家富三倍。其妻数谏,不从。居五年,从车百乘②。归休,宗人击牛而贺之③,其妻独抱儿泣。姑怒其不祥④,妇曰:"夫子治陶,家富国贫,上下弃之,败亡见矣,愿与少子俱脱⑤。"姑怒,逐之。处期年⑥,答子有罪诛。母以老得免,无所依,妇乃归养焉。

【注释】①陶:故城在今山西永济县北。②从车:随从的车。③宗人:同族之人。击:杀。④姑:丈夫的母亲。⑤脱:离开。⑥期年:一整年。

【译文】周朝答子,做管理治陶业的官三年,名誉不好,但家财却比以前富了三倍。他的妻子规谏了几次,答子不听。在陶五年,随从的车子有一百乘。休官归来的时候,族人杀牛来贺答子,他的妻子却独自抱着儿子哭。婆婆非常生气,认为她这样是不吉祥的举动。答子之妻说:"丈夫在陶做官,家里富了,国家穷了,上上下下都唾弃他,已经可以预见他的败亡了。我情愿和小儿子一同离开他。"婆婆听了很生气,把答子之妻赶走了。过了一年,答子因罪被诛杀。他的母亲因为年老而免罪,但无人依靠了,答子之妻就回来侍奉婆婆养老。

三十　稷母责金

齐田稷母其子受金
责以廉洁公正存心

【原评】吕坤谓：妇人性多贪鄙，见财之入也辄喜，每不问所从来。若田稷母之以修身洁行，不为苟得，非礼之财，不入于家，训化其子，不亦廉乎？妇人廉，夫与子虽贪，无所入矣。

三十 稷母责金

【原文】周齐田稷,为宣王相。受吏金百镒,以遗母。母问所从来,稷对曰:"诚受之于下。"母责之曰:"国家设官以待子,厚禄以养子。子不能廉洁公正,以奉君命,非吾子也。"稷惭而出,反其金①,自请诛于宣王。宣王高其母之行,使复为相。君子谓稷母廉而有化。

【注释】①反:返还。

【译文】周朝齐国的田稷,为宣王的宰相。有一次私下受了属下官吏二千四百两金子,并把金子送给母亲。母亲问金子的来历,田稷说:"确实是从属下官吏那里得来的。"他的母亲责备他说:"国家设有官爵来待你,用丰厚的俸禄来养你。你不能够很廉洁公正来伺奉君王的使命,就不是我的儿子。"田稷惭愧地离开,把金子还给属下官吏,自己去请求齐宣王降罪。齐宣王赞赏田母的行为,让田稷继续做相国。君子认为田稷的母亲廉洁,又能教化儿子。

三十一　马后慎微

馬后勤儉
自製桂衣
身被大練
杜漸防微

【原评】 吕坤曰：身为天下母，而衣大练之衣，无三味之膳，敦节俭以为天下先。非甚廉德，何能约己率人若此？刘向谓德后在家则可为众女师范，在国则可为母后表仪。诚确论也。

三十一 马后慎微

【原文】汉明帝后马氏，伏波将军援之幼女也。年十三，选入太子宫。事皆自为，衣袿裁成①，手皆瘃裂②。终未与侍御私语③，其防微杜渐如是④。及为后，身衣大练⑤。御者秃裙不缘⑥，率皆羌胡倭越，未尝用旧人僮使。深疾华采，首无珍饰。后宫从化，天下法之。

【注释】①袿：妇女的长外衣。②瘃：冻疮。③侍御：侍奉君王的人。④防微杜渐：在错误萌发时，阻止其发生。⑤大练：粗熟之绢。⑥缘：衣服边上的镶缇。

【译文】汉朝明帝的皇后马氏，是开国功臣伏波将军马援的小女儿，十三岁时被选入太子宫，事事亲力亲为，衣服自裁自缝后，两只手都生了冻疮、起了裂痕。她始终不与侍奉君王的人私底下说话，她防微杜渐，总是如此谨慎。后来做了皇后，身上穿的是粗绢衣服。服侍她的人只穿素裙，裙边上没有镶嵌装饰物，并且佣人都是那些来自羌、胡、倭、越等边远地区的人，而不用旧日的仆人。她很不喜欢华丽多彩的装饰物，她的头上没有珍宝首饰。后宫里的人都受到她的感化，天下人以她为榜样。

三十二 邓后克己

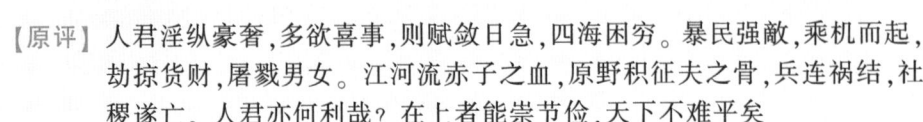

邓后却贡
禁献珍异
减撤救饥
达旦不寐

【原评】人君淫纵豪奢，多欲喜事，则赋敛日急，四海困穷。暴民强敌，乘机而起，劫掠货财，屠戮男女。江河流赤子之血，原野积征夫之骨，兵连祸结，社稷遂亡。人君亦何利哉？在上者能崇节俭，天下不难平矣

【原文】 汉和帝后邓氏，名绥，太傅禹之女孙也①。克己为怀②，德冠后庭③。当立后时，辞让再三。是时方国贡献④，竞求珍丽之物。自后即位，悉令禁绝，岁时但供纸墨而已。及为太后，水旱十载，每闻民饥，达旦不寐⑤，躬自减撤⑥，以救灾厄。天下复平，岁仍丰穰⑦。

【注释】 ①**太傅**：官名。②**克己**：克制私欲，严以律己。③**后庭**：后宫。④**方国**：四方诸侯之国。⑤**达旦**：直到第二天早晨。⑥**减撤**：指减少、撤除自己的月俸。⑦**丰穰**：丰熟。

【译文】 汉和帝的皇后邓绥，是太傅邓禹的孙女。她克制私欲，严以律己，是后宫的道德典范。当要册立她为皇后的时候，她推让了好几次。当时，四方诸侯各国多争相访求珍贵美丽的物件上供朝廷，自邓绥做了皇后后，就下令禁止他们上供珍品，到过年时，也只准供给一些纸墨罢了。邓绥皇后来做了太后，有十年间不是大水就是大旱。邓太后一听到百姓受饥挨饿，就彻夜不眠，缩减自己的月俸去救灾解困。自此天下又再太平，年岁收获丰盛。

三十二 邓后克己

三十三　少君却妆

鲍桓少君以富嫁贫
尽返粧饰归里事亲

【原评】吕坤谓：少君以富家少女，幡然甘贫妇之行，可谓勇于义矣。鲍宣甘心苦节，视势利纷华，若将浼焉，岂不介石君子乎？乃有利妇家之财，得之则喜，不得则怒。贪心不足者，视此当亦汗颜。

【原文】汉鲍宣继妻桓氏①,字少君。宣始贫,从少君父学。父奇其清苦,以少君妻之。及婚,妆资甚盛②,宣不悦,曰:"少君生富骄,习美饰③。而吾实贫贱,不敢当礼。"少君即返其侍御服饰④,更著短布裳,与夫共挽鹿车归乡里⑤。拜姑礼毕,提瓮出汲⑥。修行妇道,乡里称焉。

【注释】①继妻:再娶之妻子。②妆资:嫁妆。③习:习惯。④侍御:佣人。⑤鹿车:古代一种小车。⑥汲:从井里取水,泛指打水。

【译文】汉朝鲍宣,他的继妻桓氏,字少君。鲍宣起初很穷,跟着桓少君的父亲读书,少君的父亲看重他能够忍受清苦,就把少君嫁给他。结婚时,鲍宣见到很多嫁妆,觉得不高兴,就说:"少君生长在富贵人家,习惯于华丽妆饰。可是我实在贫贱得很,收不起这些嫁妆。"桓少君听了,就把陪嫁的奴婢、资财尽数都还给娘家。换了布做的短衣裳,和丈夫同挽一辆窄小的车子回夫家。拜见婆婆后,少君就拿着汲水瓶出去打水了。她恪守妇道,乡人都很赞叹她。

三十三 少君却妆

三十四 宗母还鲊

【原评】吕坤谓:世岂有母廉而子贪者乎?至于"贫何足泣"四字,此英雄豪杰所不能道者。至封鲊还遗,与陶侃母事同一辙。善于教子,三迁之后,又得一孟母,岂不贤哉!

【原文】 吴孟宗母,江夏人①。宗少从南阳李肃学。既长,为左将军朱据军吏②。夜雨,屋漏,宗起,涕泣谢母③。母曰:"但当自勉,贫何足泣?"据知之,使为盐池司马④。宗乃结网捕鱼,作鲊奉母⑤。母封鲊还之,曰:"汝为鱼官,而以鲊寄我,非避嫌也,宜深戒之。"

【注释】 ①江夏:今湖北省黄冈西北。②左将军:武将官名。③谢:谢罪。④盐池:疑为今山西运城盐池。司马:主管渔业的官。⑤鲊:腌制过的鱼类食品。

【译文】 三国时期吴国孟宗,他的母亲是江夏人。孟宗小时候跟随南阳李肃读书。长大后做了左将军朱据的军吏。有一天的晚上,下雨,屋漏,孟宗起身向他的母亲哭着谢罪。他的母亲说:"你应该以贫困勉励自己,不足以因为家里穷苦而哭。"朱据知道这事,就把孟宗升为主管渔业的盐池司马。孟宗顺便结网去捕鱼,把鱼类腌制好奉送给母亲。他母亲把鱼封好还给他,并且说:"你身为鱼官,用腌制鱼送给我,不避嫌疑的举动,应当引以为戒。"

三十五　隐妻助廉

吴隐之妻，勤苦自持，身膺命妇，浣衣缝之。

【原评】 居官廉洁，食用非轻，安有余资以赡族济民？今隐之妻勤俭劳苦如是，俾夫得以俸钱分润于人，终身清介，无内顾忧。史称其嫁女卖犬，远近播为美谈。若隐之妻者，诚不愧贤内助矣。

【原文】 晋吴隐之,自幼清介,有孝行。及为官,妻纺织以供朝夕,负薪为炊。冬月无被,以草荐自裹①;当浣衣②,被其絮,晒干,复缝之。勤苦同于士庶③。或谓其太过,妇曰:"吾夫居官廉洁,所得俸钱,赡族济民④,需用甚巨。吾特以勤苦助其廉耳⑤。"

【注释】 ①**草荐**:草席。②**浣衣**:洗衣服。③**士庶**:士人和普通百姓。④**赡**:供养。⑤**特**:只是。

【译文】 晋朝吴隐之,从小清白廉介,孝顺父母。后来做官了,他的夫人以纺织为生计,自己去打柴做饭。冬天没有棉被,就用草席来裹身。当要洗衣服的时候,就把衣服里的棉絮著着在身上,等到衣服晒干,再把棉絮缝入布中。勤俭辛苦得和普通人家一样。有人认为她的辛苦未免太过分了,她说:"我的丈夫做官非常廉洁,所得的俸钱,用以赡养宗亲、救济百姓,花费很大。我只是用勤苦来襄助我丈夫的廉洁。"

三十五 隐妻助廉

三十六 若昭高洁

唐家若昭
慧美能文
尚志不嫁
高洁冠群

【原评】案：若昭姊若莘，妹若伦、若宪、若荀，五人既同时为女学士，父亦被擢为习艺馆内教，朝野荣之。若昭性尤高洁，帝后咸敬之。夫以女子而能传家学，显亲扬名，久历官职，恩遇独隆，诚可谓超今迈古已。

【原文】唐宋廷芬女若昭,姊妹五人,皆慧美能文,承先世之学,尚志不嫁①。若昭性高洁,文学尤华美。姊若莘著《女论语》,属藁未定②,若昭为述成之③。德宗召试,皆称旨④,俱留宫中为女学士。若莘卒,穆宗使综其任⑤。后妃诸王公主,皆师事之,号曰"先生"。及卒,赠"梁国夫人"。

【注释】①尚志:高尚其志。②属藁:初拟文稿。③述:遵循,继续。④称旨:符合上意。⑤综:织机上使经线上下交错以便梭子通过的装置,这里指调配。

【译文】唐朝宋廷芬的女儿宋若昭,她们姊妹一共五人,都聪明美丽有文采,能继承祖先的学问。志趣高尚,不肯嫁人。宋若昭的性格高洁,文采尤其华美。他的姐姐宋若莘,著了一部《女论语》,拟好草稿后,由宋若昭继续刊定而成。德宗皇帝召她们去考试,全部符合皇上的心意,都留在宫里做女学士。后来宋若莘亡故,穆宗皇帝就让宋若昭代替宋若莘的职任。宫里的皇后、妃子、公主们,都以她为师,称她为"先生"。宋若昭去世后,被封为"梁国夫人"。

三十七 柳韩和丸

柳韩夫人绫罗不御,归乘竹兜,丸熊远虑。

【原评】吕坤谓:相国孙女、节度夫人,金舆绣服,本不为侈。而乃俭素自持,言笑不苟,其家法可知矣。近世妇女,罗珠刺绣,满箧充奁,月异日新,互羡争学。德不如人,而衣饰是尚;家不能治,而容冶相先。何哉?

【原文】唐节度使柳公绰妻韩氏①，相国休之孙女也。治家严肃俭约，为缙绅家模范②。归柳氏三年③，未尝露齿④，斥绫罗锦绣不御⑤。每归觐⑥，乘竹兜，二子青衣步屣以随。尝以苦参黄连熊胆为丸，赐诸子。每夜读，含之，以资勤苦。子仲郢，仕至尚书仆射；孙玭，御史大夫。

【注释】①节度使：官名。②缙绅：士大夫。③归：古代谓女子出嫁。④露齿：笑而见齿。⑤御：使用。⑥归觐：归谒父母。

【译文】唐朝节度使柳公绰的妻子韩氏，是宰相韩休的孙女。她治家严肃节俭简约，是士大夫人家的典范。自嫁到柳家来，三年未露齿而笑，摈弃使用绫罗绸缎来做衣服。每当回娘家探望父母，就坐一乘竹轿子去，他的两个儿子穿了青衣在后面跟着走去。她曾经用苦参、黄连、熊胆和成药丸，分给他的儿子们，让他们在晚上读书时含在嘴里，以资助勉励他们刻苦学习。后来他的儿子柳仲郢官至尚书仆射，孙子柳玭官至御史大夫。

三十七 柳韩和丸

三十八　赵女覆浆

唐赵氏女
偕嫂避兵
勺水不苟
浆沟留名

[原评] 古今廉女，未有如赵女之勺水不苟者，况在长途逃难中耶。精灵不散，竟有出浆水之沟，使从此无过其地而渴死者，烈哉赵女！可与露筋女并称不朽矣。

【原文】 唐赵氏女,莱芜人①。唐末兵乱,偕其嫂出外避兵。时天气亢旱,姑嫂二人,行路既久,焦渴难堪。有男子见而怜之,馈以浆水。嫂饮之。女不肯饮,覆诸地②,遂渴死。后其地有沟水出,如白浆,因名沟曰"浆水沟"。上建祠塔,以祀女焉。

【注释】 ①莱芜:今山东莱芜市。②覆:倾倒。

【译文】 唐朝的一个姓赵的女子,莱芜人。时值唐朝末年兵乱期间,赵女和她的嫂子逃到外边以避免兵祸。当时天气大旱,姑嫂二人走了很久的路,口渴得很难过。有一个男人看到他们的样子,可怜她们,就送给她们一些浆水。赵女的嫂子喝了,而赵女却不肯喝,还将浆水倒在地上,于是就这样渴死了。后来这个地方的沟里有如白浆一样的水出来,这条沟就被命名为"浆水沟"。上面建造了祠堂宝塔,以祀奉赵女。

三十八 赵女覆浆

三十九　吴王洁己

吴与之母
教子事君
躬自紃缉
以励清勤

【原评】妇女廉者希，廉而能教者更希。吴与母之勤苦自持，且命子奉公洁己，并告以事君临民大节。史称与之清勤，皆得自母教。廉女之有关于家国身名者如此，凡为女子，曷不鉴而法之。

【原文】宋吴与母王氏,漳浦人也①。与为怀安县令②,王氏就养官舍③。日事纫缉④,昼夜勤劳,未尝稍逸。自与初官时,王氏即戒以事君临民大节,令其洁己奉公,慎无贪躁,以累清名。故后与所至,均以清勤著称,皆母氏之教有以致之也。

【注释】①漳浦:今福建省漳州市漳浦县。②怀安:在今福建闽侯县北。③就养:父母亲受子侍奉。④纫缉:修补。

【译文】宋朝吴与的母亲王氏,漳浦人。吴与做怀安县官时,他的母亲王氏在他的官宅里住,受儿子奉养。但王氏每天做缝纫修补的工作,日夜辛勤劳苦,不肯稍稍安歇。在吴与刚刚做官的时候,王氏就劝戒儿子要遵循上奉皇上下待百姓之大道,叫他要廉洁奉公,切不可贪财躁进,以致影响清白的名声。所以后来无论吴与去到哪里,都以清廉勤苦著称,这都是因为他的母亲教养得好。

三十九 吴王洁己

四十　曹女却赙

曹修古女
葬父无资
宾佐赠赙
请母却之

【原评】吕坤谓：父之廉见信于女，而其女亦爱父以德。宁不能归葬，而却宾佐之赠，此岂世俗所能及哉？礼、丧有赙，孔孟所不废，吾未见女子之狷介如是者。至宾佐请留备女奁，其意诚善，然不知女也甚矣。

【原文】宋曹修古,知兴化军①。卒于官,贫不能归葬。宾佐赠钱五十万②。其女泣白母曰:"我先人在,未尝受宾佐馈遗,奈何以赙钱累其身后③?"母从而却之。宾佐请留备女奁④。女曰:"因父丧以自利,而谓我为之乎?"尽却不受。宾佐皆叹息而去。

【注释】①兴化:即今福建省蒲田县。军:长官。②宾佐:幕宾佐吏。③赙钱:送给丧家的布帛钱财。④女奁:陪嫁衣物。

【译文】宋朝时兴化长官曹修古死在任上,他的家里贫穷得没钱安葬他。曹修古的幕宾佐吏送给曹家五十万钱。曹修古的女儿哭着对母亲说:"我父亲在世时,未曾受过幕宾佐吏的馈赠,怎么能够在他死后,因为赙钱影响他的名声呢?"她的母亲听了她的话,就不肯收受这些钱。曹修古的幕宾佐吏又建议把这些钱留下,当作曹女的嫁妆。曹女说:"以父亲之死来做有利于自己的事,我肯做这种事吗?"就统统拒绝了,一概不受,幕宾佐吏都叹息着回去。

四十 曹女却赙

四十一 蔡氏止盗

蔡夫氏得之财非义之力拒之散其同类

[原评] 丈夫贪不义之财,犯罪罹祸,多半由妇人致之。试观蔡氏谏夫不听,则拒之追之,扬言以散之。屡遭殴辱,持之益坚。卒能感悟其夫,改行为善。氏诚保家之妇哉。

【原文】宋蔡氏，生长田家。其夫某，日与恶少游，蔡谏不听。未几①，携财帛归。蔡拒之曰："不止，我当白之官②。"夫与众约，潜背蔡去③。蔡追呼不能止，乃扬言欲告乡里。众始散。夫怒，屡殴蔡。蔡持益坚。他日，众皆败。其夫以被止获免，遂感悟改行。

【注释】①未几：不久。②白：告诉。③潜：偷偷地。背：隐瞒。

【译文】宋朝的一个蔡氏妇人，生长于种田人家里。她的丈夫天天和一伙不良少年结交在一起，蔡氏屡次规劝，她的丈夫总是不听。不多久，她的丈夫拿着钱财布帛回家来。蔡氏拒绝接收，并说："你再不停止偷盗，我就要告诉官府。"他的丈夫和其他恶少约定，瞒着蔡氏偷偷出去作恶。蔡氏追着呼叫着也不能阻止他，就大声说要告诉乡里。恶少们散去，他的丈夫很生气，多次殴打蔡氏。蔡氏更加坚持阻止丈夫犯错。后来坏事败露，恶少们都获了罪，唯有蔡氏的丈夫因为被妻子劝阻而没有获罪，丈夫于是悔悟了，并痛改前非。

四十一 蔡氏止盗

四十二 郑钱谢姊

宋郑钱氏
夫贫难行
不受姊赠
全夫清名

【原评】钱氏可谓女孝廉矣。久侍姑疾，衣带不解。良人赴任，行装莫具，其姊持金币来赠，恐伤夫之廉，谢而不受。则其平居日用之间，处处相夫以道，可以想见矣。

【原文】宋郑绛妻钱氏,广陵王元之女孙也①,幼秀悟。绛母性严,钱氏侍起居弥谨②。每遇绛母有疾,夜辄不解衣带,用心奉事,历久不渝③。绛贫,赴陕右官④,不能具行装。钱姊自京师持金币来赠。钱氏谢之曰:"身受姊赐,固可。何以全吾夫之廉乎?"

【注释】①广陵:在今江苏省江都东北。②弥:更加。③渝:改变。④陕右:即陕西。

【译文】宋朝郑绛的妻子钱氏,是广陵王钱元的孙女,小时候就很秀慧聪悟。郑绛的母亲生性严肃,钱氏服侍她婆婆的起居就格外谨慎了。每逢郑绛的母亲有病,钱氏夜里就衣不解带地用心侍奉,虽然长年累月,但始终不变。郑绛家里很穷苦,当他要赶赴陕西任官时,连行装都置办不起。钱氏的姐姐从京城拿了金钱绸缎来送给她。钱氏谢绝了,说道:"我自己受姐姐的惠赐固然是可以的,但这样做,怎么能够成全我丈夫的廉洁呢?"

四十三　姚杨返贿

元姚杨氏
夫劾平章
返贿不受
廉德益彰

【原评】天福初劾阿合马。阿合马缚天福,欲害之。杨氏诣台,言权臣奸杀御史,台官不言,宪纲何在?台官感其言,纠众上书。天福得出,后劾平章。杨氏送其所遗之器于宪司,使被劾者叹服。益足以彰廉德矣。

【原文】 元姚天福妻杨氏,性廉洁。天福为监察御史①,家中仅粝米数升②。后为按察使③,劾平章阿里海牙④。阿里海牙使人赍金器遗杨氏。杨召宪吏至家⑤,使以所遗器送宪司,曰:"吾夫劾平章,何以是贿吾?吾岂受贿者?"会阿里海牙以入朝诣台⑥,见之,叹曰:"岂惟夫廉,其妻亦廉。"

【注释】 ①监察御史:官名。②粝米:粗米。③按察使:巡察刑狱之官。④劾:揭发过失或罪行。平章:丞相的次官。⑤宪吏:指司刑狱的中央、地方机构或官员。⑥台:古代中央政府的官署。

【译文】 元朝姚天福的夫人杨氏,生性廉洁。姚天福虽然做着监察御史,但家里只有几升粗米。后来姚天福做了按察使,就上奏章去弹劾那平章阿里海牙。阿里海牙差人送金器给杨氏,杨氏就把宪吏叫到家里来,叫他们把阿里海牙送来的金器带去司法官那儿,说:"我的丈夫弹劾平章,为什么要贿赂我?我是肯受贿赂的人吗?"这时候刚好阿里海牙要去官署,看见了,就叹息道:"岂只是丈夫廉洁,他的妻子也很廉洁啊。"

四十三 姚杨返贿

四十四　罗李清介

[原评] 双泉之妻，初本宦家之女，继又为宦家之妇。乃能贵而不骄，一生清介，令人起敬。世有丰衣美食，贪嗜金珠，私受贿赂，败夫清操者，其视李氏，贤不肖为何如耶？

【原文】明罗双泉之室李氏①,清介相夫。双泉为兵曹时②,李独拥户③,炊马矢④,食脱粟稷菽⑤。及双泉在镇江⑥,李携女奴往后圃,掘野蔬食之。尝从僚妇饮⑦,人皆冠珠翠明珰,钏金累然⑧。李已再受封,至不再具冠,衣故贫时衣以往。后有女侩私献金器⑨,李痛绝之曰:"尔不知吾夫耶!"

【注释】①室:妻子。②兵曹:官名,司兵部。③拥户:持家。④马矢:马粪。⑤脱粟:粗米。稷:粟。菽:谷类的总称。⑥镇江:今江苏省镇江市。⑦僚妇:同僚的妻子。⑧累然:接连成串的样子。⑨侩:经商的人。

【译文】明朝罗双泉的妻子李氏,本来是做官人家的女儿,她清白廉洁地帮助丈夫。罗双泉任职兵部的时候,李氏独自持家,用马粪来烧饭,吃粗米杂粮。后来,罗双泉去到镇江,李氏和女奴在家后面的菜园里挖野菜吃。李氏曾经与丈夫同僚妻子们吃饭,别的夫人头上都戴满了珍宝明珠,手臂的金镯一串又一串。那时李氏已经受封两次,但她没有另外备办新衣新帽,仍旧穿着贫穷时候的旧衣服赴宴。后来有一个女商人私底下送金器给李氏,李氏狠狠地谢绝道:"你难道不知道我的丈夫吗!"

四十四 罗李清介

四十五　温常还遗

常氏拾金
秘藏不露
得主即还
封识如故

【原评】拾金不言,防人冒领,智也;亟还失主,免其自尽,仁也;封识如故,不为苟得,礼也,亦义也。仁义礼智,非由外铄我也,我固有之也,特为利欲汩之耳。人能清廉,一举而仁义礼智,俱形于外。贤哉常氏也!

【原文】明温润妻常氏,汉阴人也①。正德间,有谢姓者,因差而鬻其产②,得二十金,为酒所困③,解金于空园中而去④。常氏偶入园,拾得之,秘不告人,以待来者。及谢酒醒,还至园中,求金不获,几欲自尽。常氏亟取金与之⑤,封识如故。谢感泣谢之。

【注释】①汉阴:地名,在陕西省。②差:徭役。鬻:卖。③困:疲乏想睡。④解:解下,放下。⑤亟:立即。

【译文】明朝温润的妻子常氏,汉阴人。正德年间,有一个姓谢的人,为了徭役,卖去了家产,得到二十两银子。喝醉酒后,他把二十两银子放在没人的园子里就走了。常氏偶然来到园子里,拾到了银子,就保守秘密,静心等候那遗失银子的人回来。姓谢的酒醒了,回到这个空园里找不到银子,几乎要自杀了。常氏连忙拿出银子交给他,封识还是和原来一样。姓谢的感激不尽,哭着感激常氏。

四十六 丁香殓银

丁香主死
付银使逃
仍置棺内
不受分毫

【原评】 丁氏随主避难,主人自知不免,付银使逃。香既负尸以归,殓而葬之矣,则以其余资自给,亦谁得而议其非耶?乃以所付之银,置主棺中,诚廉而不忘主者矣。

【原文】明王瓒之婢丁氏，名香，陕西盩厔人也①。时盗贼蜂起②，不克安居③，乃随瓒出外避难。贼将近，瓒乃以银付丁香，令其独自逃去。厥后瓒被贼焚死④。丁香负其尸而归，以瓒生前所付之银，置其棺中，殓而葬之，分文不取。

【注释】①盩厔：今陕西省周至县。②蜂起：像群蜂飞舞，纷然并起。③不克：不能。④厥后：其后。

【译文】明朝王瓒的丫鬟丁香，是陕西省盩厔人。那时盗贼纷然并起，那里不能安居乐业了，丁香跟随王瓒外出避难。眼看强盗将要追到时，王瓒把银两交给丁香，叫丁香一个人逃走，王瓒后来后被强盗们烧死了。丁香就把王瓒的尸首背了回来，并把王瓒生前交付的银子全部放在他的棺材里，把他殓葬好，没有拿他一个钱。

四十七 彭陈辞姻

陈氏有子
巨商爱之
欲纳为婿
婉言以辞

【原评】贫人娶富女,苟非其子有德。新妇知礼,鲜不以骄侈开罪于舅姑姒娌。陈氏知不劳而获,理难安享,故以论德不论财拒之。其卓识清德,均足以为后世法。

【原文】明彭鹤祯妻陈氏，番禺人也①。蚤寡②，抚孤守节。教子以义方，故其子亦贤能而尚德行。有巨商欲以数千金，纳其子为婿，陈氏辞之。或劝曰："与为婿，当久享丰厚，孰若恒居俭约耶？"陈氏曰："骤得财者不祥，且娶妇应论德，奚以财为③？"终力拒之。

【注释】①番禺：在今广东省广州市。②蚤：同"早"。③奚：疑问词，何也。

【译文】明朝彭鹤祯的妻子陈氏，广东番禺人。她很早就守寡了，独自抚养孤儿，守着贞节。她教儿子注重教导他为人的大道理，所以她的儿子为人贤明能干，有道德。有个富裕的商人想出几千两银子招她的儿子去做女婿，陈氏辞谢了。有人劝她说："你的儿子做了富商的女婿，你们就可以长期享受富贵了，比起现在你们过的节俭简约的日子，不是好得多吗？"陈氏说："突然得到钱财不是好事。而且娶媳妇应该讲求德性，怎么可以论钱财呢？"最终竭力拒绝了。

四十七 彭陈辞姻

四十八 玉卿耿介

明蔡玉卿
慧质冰心
助夫耿介
善却赠金

[原评] 蔡氏本善书,其书置道周书中,人莫能辨。从道周北行时,途中日临卫夫人帖一帙,人争以匹锦易之。观其两遗夫书,有士君子之风,寇钦其清节,奉金以献。婉言却之,而出城远避。其才德自不可及。

【原文】 明蔡玉卿,为黄道周继妻。道周系狱,蔡遗书规之曰:"君耿介之志①,不可以小挫自隳②。"无一语及私。明亡,道周将自引决③,遗书与别。蔡复书慰勉,自任身后之责。漳城破④,寇知为黄夫人,奉二百金为朝夕资。蔡却之曰:"得出严城⑤,受赐多矣,不敢重叨金也。"寇乃送之出。

【注释】 ①耿介:正直不阿,廉洁自持。②隳:懈怠。③引决:自杀。④漳城:即福建省漳州市。⑤严城:戒严中的地方。

【译文】 明朝的蔡玉卿,是黄道周的继妻。黄道周受冤下了牢狱,蔡玉卿就写了一封信去劝他的丈夫:"你有正直不阿的志向,不可因小挫折而懈怠。"信里没有一句私房话。明朝亡时,黄道周要尽忠自杀,写信与妻子道别。蔡玉卿回信劝慰勉励丈夫,表示自己会担当料理丈夫身后事的责任。后来贼寇攻破漳城,知道他是黄夫人,就奉上二百两银子给她作日用之资。蔡玉卿拒绝道:"只要我能够走出严城,就是受了你们很多的恩赐了。不敢再贪这些银子了。"贼寇就把她送了出城。

四十八 玉卿耿介

四十九 子罕却玉

子罕守廉
却玉有道
使富而归
不贪为宝

【原评】象以齿而焚身,麝以香而丧命。匹夫无罪,怀璧其罪,献玉者亦知之矣。而子罕乃曲予成全,不以此故而伤己之廉德。且其谏筑台则请俟农毕,出饥粟则贷而不书。宜乎叔向称宋之乐,其后亡者也。

四十九 子罕却玉

【原文】周宋乐喜，即司城子罕也①。宋人或得玉以献，弗受。献者曰："以示玉人②，玉人以为宝也，故敢献之。"子罕曰："我以不贪为宝，尔以玉为宝。若以与我，皆丧宝也。"献者稽首曰③："小人怀璧④，不可以越乡⑤。纳此以请死也⑥。"子罕寘诸其里⑦，使玉人为之攻之⑧。富，而后使复其所。

【注释】①**司城**：职同司空。**子罕**：即乐喜，又叫皇喜，姓戴，宋桓侯时任司城，周避武公讳而改，故又称司城子罕。②**玉人**：玉器工匠。③**稽首**：跪拜。④**怀璧**：这里指多财招祸。⑤**越乡**：离开故乡。⑥**纳**：收藏。**请**：招领。⑦**寘**：安置。**里**：街巷。⑧**攻**：加工。

【译文】周朝宋国的乐喜，就是司城子罕。宋国有个人偶然得到一块宝玉，拿去献给子罕，子罕不肯收受。送玉的人说："玉工看过这块玉，说是件宝贝，所以我才敢奉献给你。"子罕说："我把'不贪心'作为宝贝，你把这块玉当宝贝。如果你把宝玉送给我，那我们大家都丧失了宝贝。"那人跪拜着说道："小人多财招祸，怀揣宝玉不敢去外乡，藏着宝贝就会招致非命。"子罕把这个人送到自己居住的里巷。又叫玉工加工这块玉，卖得高价钱富起来后，才叫他回到自己故乡。

五十 原宪辞粟

孔门原思,介持家贫,自为宰,与粟,辞粟。

【原评】子华使齐,冉子为其母请粟,孔子仅与釜与庾。原思为宰,孔子与之粟九百,盖出使为弟子之当务,而宰粟乃应得之常禄也。原思之贫若此,尚辞其常禄,则凡贫未若原思者当如何?

【原文】周宋原宪，字子思，孔子之弟子也。为人狷介①，所居蓬户瓮牖②。正冠则缨绝③，振襟则肘见，纳履则踵决④。子贡过之曰："夫子病乎？"宪曰："无财之谓贫，学道而不能行之谓病。若思，贫也，非病也。"孔子为鲁司寇⑤，以宪为之宰⑥，与之粟九百，辞。孔子曰："毋，以与尔邻里乡党乎。"

【注释】①狷介：孤高洁身。②蓬户瓮牖：用蓬草编门，用破瓮做窗。指贫穷之家。③缨绝：系冠的带子断了。④决：破绽。⑤司寇：官名，掌管刑狱、纠察等事。⑥宰：官吏。

【译文】周朝宋国的原宪，字子思，是孔子的学生。他为人孤高清白，所住的地方，用蓬草编门，用破瓮做窗。他稍正一下帽子，帽带就断了；稍振一下衣襟，手肘就露出来；穿鞋时，脚后跟又露了出来。有一次，子贡经过他家，说："先生您病了吗？"原宪说："没有钱叫做贫，学了道不能实行的才叫做病。像我这个样子的，是贫，不是病。"后来孔子在鲁国做了司寇，就叫原宪去做官吏，给了他九百斛谷子，原宪辞谢不收。孔子说："不要拒绝！你拿去后，可以分给邻居同乡啊。"

五十 原宪辞粟

五十一 疏广知止

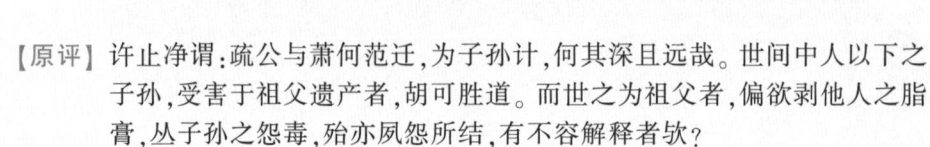

太傅疏广
知止辞尊
不买田宅
免害儿孙

【原评】许止净谓：疏公与萧何范迁，为子孙计，何其深且远哉。世间中人以下之子孙，受害于祖父遗产者，胡可胜道。而世之为祖父者，偏欲剥他人之脂膏，丛子孙之怨毒，殆亦夙怨所结，有不容解释者欤？

【原文】汉疏广为太子太傅①,侄受为少傅②。在位五年,广谓受曰:"吾闻知足不辱,知止不殆③。功遂身退,天之道也。"即日俱告病归。送者载道④,观者皆曰:"贤哉二大夫。"广归,散金与故旧⑤。或劝买田宅。广曰:"我岂不念子孙哉?顾贤而多财,则损其志;愚而多财,则益其过。"当世称之。

【注释】①**太子太傅**:辅助太子的官。②**少傅**:辅弼太子之官。③**殆**:危险。④**载道**:满路。⑤**故旧**:旧朋友。

【译文】汉朝疏广,任太子太傅,他的侄儿疏受任少傅。这样过了五年,疏广对疏受说:"有道是知道满足的人不会受到耻辱,知道停止的人就不会有危险。功成名就后全身而退,这是不变的道理啊。"当日,叔侄二人向朝廷告病回家。道路上挤满了送行的人,他们都说:"这两位官人真贤良。"疏广回家后,把金钱分给老朋友。有人劝疏广买田买屋。他说:"我难道不叨念子孙吗?但看到的是,贤良的子孙因为家里钱多而丧失志向,蠢笨的子孙因为钱多而更多地犯错。"当时的人都很赞叹他。

五十一 疏广知止

五十二 子阿委珠

【原评】长者赐,少者贱者不敢辞,礼也。况出于上所赐乎?乃群臣皆拜谢,而钟离意独不拜。非特不拜谢,且悉委珠玑于地焉。明帝称其清,更赐以库钱。以视同时张伯之修孔庙而怀一璧,不啻霄壤矣。

【原文】汉钟离意,字子阿,山阴人①。为尚书时,交趾太守坐赃②,诏籍其资物③,颁赐群臣。子阿得珠玑④,悉委于地而不拜赐。显宗问其故。对曰:"臣闻孔子忍渴于盗泉之水⑤,曾参回车于胜母之间⑥,恶其名也。此赃秽之宝,诚不敢拜。"帝叹曰:"清乎尚书之言。"乃更以库钱赐之。

【注释】①山阴:在今浙江省绍兴市。②交趾:古地名,泛指五岭以南。坐:因为。③诏:皇帝下达命令。籍:登记家财,予以没收。④珠玑:珠宝。⑤盗泉:在山东泗水县东北,县内有泉八十七,惟盗泉不流,余皆汇为泗河。旧时亦常比喻不义之财。⑥胜母:古巷名,有不义之名。

【译文】汉朝的钟离意,字子阿,山阴人。他在朝中任尚书时,交趾太守因为贪污受贿获罪,皇帝把他的财产充公,赐给朝廷里的臣子。钟离意分得珠宝,就把珠子都摆在地上,不肯拜受。显宗皇帝问他缘故。他说:"我听说过,孔子忍着渴而不肯饮盗泉的水,曾子掉转车子,不肯走进胜母之巷,都是因为盗泉、胜母这些名称背负不义的名声。现在这些不义的赃物珍宝,我不敢拜受。"皇帝听了赞叹道:"尚书这样说,是何等的清白廉洁。"就另外赐给他库钱。

五十三 子干垦田

子干垦田
假名垦荒
还米不受
永置道旁

【原评】许止净谓：牧之无诤三昧，固千秋景仰。然倘无县长拘治，彼顽梗不化者，未必能立时回心。故古人云"绳之以法"，法立则知恩。苟国法不立，则无赖者，且以掠夺而自鸣得意也。知恩云乎哉？

【原文】汉钟离牧,字子干,会稽人①。少居永兴②,躬自垦田二十余亩③。稻熟,县民有认之者,牧不与争,悉与之。县长闻而拘其民,欲绳以法④,牧力救之。民乃获免,率妻子舂所取稻,得米六十余斛⑤,送还牧。牧闭门不纳。民置米道旁,莫有取者。牧由此得名,迁南海太守,封都乡侯。

【注释】①会稽:在浙江省、江苏省交界处。②永兴:地名,在浙江省。③躬自:亲自。④绳:纠正。⑤斛:量词,一斛为十斗。

【译文】汉朝的钟离牧,字子干,会稽人。年青时,居住在永兴,亲自耕种二十多亩田。稻子成熟后,有县民来冒认割走的,钟离牧不和他们争夺,全部让给了他。县官知道这件事,把冒割稻子的人捉起来,准备用国法治他的罪,钟离牧竭力去救,那人才被免罪。随后,冒割者带着妻子,把冒割回来的稻子舂打后有六十多斛米,就把这些米送还给钟离牧,钟离牧关门不肯收。冒割者把米放在路边,竟然没人去拿一丁点。从此以后,钟离牧享有了名声,升为南海太守,受封为都乡侯。

五十三 子干垦田

五十四 王忳葬金

王忳受託
得金十斤
悉葬棺下
馬被奇聞

【原评】许止净谓：忳葬书生，而以遗金悉置棺下，其廉介实人所难能。故风飘绣被于前，马逸亭中而止，更辗转牵入金翁之舍。岂非受恩之鬼，决不忍其阴德湮没不彰，而冥冥中力为揄扬耶。

【原文】汉王忳于客旅中遇一生，谓曰："命在须臾，有金十斤相赠，乞葬。"未及问姓名而绝。忳葬之，余金悉置棺下。后为亭长①，有马驰入亭中而止，时大风，飘一绣被堕忳前。忳以告县，县以归忳。忳后乘马，马奔入他舍。主人识其马与被，问之，始知前所葬者，即其子金彦也。

【注释】①亭长：小官吏，掌捕劾盗贼。

【译文】汉朝王忳，在旅馆中遇到一个书生。书生对他说："我快要死了，这里有十斤金子，都送给你。希望你能安葬我。"王忳来不及问他的姓名，书生就死了。王忳把他安葬好，把用剩的金子都放在他的棺材下面。后来王忳做了亭长，有一匹马跑到亭里就停下来，这时一阵大风吹来一条绣花被，落在王忳的面前。王忳把把这件事告诉县官，县官把马和绣被都判给王忳。后来王忳骑着马，马突然跑进一户人家里。那户人家的主人认得马和绣被都是自己家里的，就去问他，这才知道王忳之前埋葬的书生，就是那家主人的儿子金彦。

五十四 王忳葬金

五十五 阎敞还钱

阎敞为掾
太守寄钱
年湮代远
如数归焉

【原评】悲者何？悲常之仅遗此孙也。喜者何？喜幸有此孙，而百三十万之钱，可以归之也。常仅言三十万，殆以酬敞代藏之劳乎？或恐钱之未必全在乎？然非敞所为也。而其孙亦言祖惟三十万，盖亦廉矣。

【原文】 汉阎敞，字子张，为郡五官掾①。太守第五常被征②，以俸钱百三十万寄敞，敞埋置堂上。后常举家病死，惟孤孙方九岁独存。闻常曾说有钱三十万寄敞，及长③，求之。敞见之，悲喜不胜④，即取钱还之。孙曰："祖惟言三十万，无百三十万。"敞曰："府君病困模糊耳⑤。郎君勿疑⑥。"

【注释】 ①掾：官府中辅助官吏的统称。②征：征召。③长：长大。④不胜：十分。⑤府君：古时对男子的尊称，唐以后子孙对先世的敬称。⑥郎君：古代称贵家子弟为郎君，妻子对丈夫亦称郎君。

【译文】 汉朝的阎敞，字子张，在官府中任五官掾。这时，太守第五常被朝廷召去，就把积蓄下来的俸钱一百三十万钱寄存在阎敞那里。阎敞把这些钱埋在堂屋的地下。后来第五常全家都病死了，仅剩一个九岁的孙子没死。孙子曾经听祖父说过三十万钱寄放在阎敞那里，长大了，就到阎敞这里来，希望取回银子。阎敞见到他，不禁又悲又喜，把所有钱都拿来还他。第五常的孙儿见有一百三十万钱，就说："我祖父只说过有三十万钱，没有说是一百三十万啊。"阎敞说："这是你爷爷病糊涂了不记得。请你不要怀疑。"

五十五 阎敞还钱

五十六　董奉治病

【原评】董奉之得登真，惟治病以栽杏，得杏以易谷，得谷以赈贫而已。最奇者，置少取多，群虎且乱逐之。其奇而又奇者，奉登真后，妻女守宅，卖杏取给，有欺之者，虎逐如故。后人即于其种杏处，建祠祀之焉。

五十六 董奉治病

【原文】晋董奉居庐山①,有道术。为人治病,不取钱。病重而愈者,令栽杏五株,轻者一株。数年成林。杏熟时,作一仓,令买者随器之大小,易以谷。若置谷少,取杏多,群虎辄逐之②。所得谷,以赈贫者③,供行旅④。岁消三千斛⑤,谷尚有余。一日,受上帝命,授"碧虚太乙真人",白日飞升⑥。

【注释】①庐山:在今江西省九江市。②逐:追逐。③赈:救济。④行旅:旅客。⑤岁:一年。⑥消:消耗。白日飞升:道教谓人修炼得道后,白昼飞升天界成仙。

【译文】晋朝董奉,住在庐山,懂点道术。他替人治病,不收诊金。病重的人被治好,就要他们种五株杏树;病轻的人被治好,就种一株杏树。这样过了几年,一棵棵的杏树长成了杏林。杏子成熟的时候,他造了一个米仓,叫来买杏子的人,按照器具的大小,带谷子来换等量的杏子。若是有人以少谷换多杏,就有一群老虎去追逐他们。董奉把用杏换来的谷子拿去周济穷人和供给过往行人。每年需要消耗谷子三千斛,但谷子还有剩余。有一天,据说他受了上帝之命,受封为"碧虚太乙真人",在白天飞升成仙了。

五十七 陆纳杖侄

陆纳为守
俸禄固辞
侄陈盛馔
大怒杖之

[原评]纳之贞厉绝俗,尚矣。其辞俸也,不啻辞粟之原思;其赴任也,不啻赴郡之孔奂;其对物也,不啻封金之关公;其供客也,不啻供母之茅容;其杖侄也;不啻杖徒之顾协。廉德孔多,岂第忠亮见称朝士哉?

【原文】晋陆纳少有清操,为吴兴太守①,不受俸禄。顷之,召拜左民尚书②。将行,或问用几船,纳曰:"无行装,不必副船也。"临发,止携被襆③,余均封以还官。谢安尝诣纳④,纳无供给,惟茶果而已,其侄俶为治盛馔。客罢,纳大怒曰:"汝不能光益叔父,乃复秽我素业耶⑤。"杖之四十。

【注释】①吴兴:浙江省县名。②左民尚书:魏晋时期设置左民、右民二曹,尚书则是长官。③襆:包裹。④诣:造访。⑤素业:青白的操守。

【译文】晋朝陆纳,小时候就有清廉的操守。后来做了吴兴太守,不受俸禄。没多久,又被朝廷召去做左民尚书。他将去赴任时,有人问他要用几只船。陆纳说:"我没有什么行李,一只船就够,不必再另备副船。"临走时,只带了一个布包袱,其余东西都封还官家。有一次,名士谢安造访陆纳,陆纳没什么招呼客人的东西,只有清茶和水果。他的侄儿陆俶,为他们张罗了丰盛食物。客人走后,陆纳大怒骂侄儿:"你不能替你叔父增光,反来玷污我清白的操守。"就打了侄儿四十杖。

五十八 孔顗辞米

孔顗骨鲠
名重朝班
弟饷以米
叱吏载还

【原评】孔顗骨鲠有风力,其弟道存与从弟道徽,请假还东。顗出渚迎之,见舳重十余船。顗伪喜曰:"我正困乏,甚需此。"因命将岸上,既而正色语曰:"汝辈忝预士流,何至还东作贾客耶?"命左右取火焚尽,乃去。

【原文】南宋孔觊,字思远,为御史中丞①。在都时,值岁俭②,弟道存为江夏内史③,虑觊贫乏,遣吏载米五百斛饷之④。觊呼吏曰:"我在彼三载,去官之日,不办有路粮。郎至未几,何缘得此?"竟叱令载还。吏曰:"自古以来,无有载米上水者⑤,都下米贵⑥,乞于此货之⑦。"不听。吏乃载米而去。

【注释】①御史中丞:御史的次官。②俭:歉收。③江夏:在今湖北省武昌。内史:相当于首长。④饷:馈食于人。⑤上水:逆流而行。⑥下:时下,现在。⑦乞:请求。

【译文】南宋孔觊,字思远,任御史中丞。他在京师时,正是粮食歉收的时候。他的弟弟孔道存在江夏任内史,怕哥哥贫困,于是差了小吏载了五百斛米来送给哥哥。孔觊见了,大声对小吏说:"我在你们那里做官三年,卸任的时候,连供路上吃的粮食也没有。我的弟弟去那里没多久,怎么能有这么多米呢?"直接喝令小吏把米运回去。小吏说:"自古以来,没有载着米往回运的。况且现在京城里的米很贵,请你在这里卖给别人吧。"孔觊不听,小吏只好把米运回去。

五十八 孔觊辞米

五十九　蔡樽清节

蔡樽守郡吴冠悉平
种茄饮水诏褒其清

【原评】身为太守,而所饮者,惟郡中之井水;所食者,惟斋前之苋茄。而白苋紫茄,犹为自种之品,且以为常饵也。清节若此,以媲美汉之刘宠、孟尝、杨震、羊续,晋之虞愿,梁之孙谦,陈之孔奂诸太守,有何不可?

五十九 蔡樽清节

【原文】梁蔡樽，字景节，陈留人①，为吴兴太守。在官惟饮郡中井水，斋前自种紫茄白苋②，以为常饵③。诏褒其清，加信武将军。天监九年④，宣城郡吏吴承伯挟妖道⑤，聚众攻宣城，杀太守，转寇吴兴。吏人并请避之，樽坚守不动，命众出战，摧破承伯，余党悉平。累迁吏部尚书⑥。

【注释】①陈留：故城在今河南省开封市陈留县。②斋：家居的房屋。③饵：泛指食物。④天监：梁武帝年号。⑤宣城：在安徽省东南部。⑥迁：升迁。吏部尚书：吏部的最高长官。

【译文】梁朝蔡樽，字景节，陈留人。任吴兴太守时，他只吃着郡邑里的井水，在房屋前自己种了些紫茄、白苋，作为日常食用的菜蔬。皇帝下诏书褒扬他的清廉，加封他为"信武将军"。天监九年，宣城官吏吴承伯以妖法集合众人攻破宣城，并杀了太守，然后又转去攻打吴兴。蔡樽的下属都劝他躲避，但蔡樽仍坚守城池不动，命令众人出城迎战，结果打败了吴承伯，其余的乱党也就平定了。蔡樽随后屡次升迁，做到吏部尚书。

六十　傅昭静廉

傅昭布衣蔬食，不纳馈遗，荐之鱼，委之门侧

【原评】傅昭泊然静处，不妄出游。袁粲每经其户，叹曰："经其户，寂若无声。履其室，其人斯在。"故其为安成内史，郡舍得以转凶为安也。许止净谓善人所在，凶邪退避；反之，则恶人所至。凶邪贲临可知矣。

【原文】梁傅昭为中书通事舍人①。时居此职者,皆势倾天下。昭独廉静无所干预②,器服率陋③,身安粗粝④。有荐鱼者⑤,既不纳,又不欲拒,遂委之门侧。子妇尝得家饷牛肉以进昭⑥,昭谓子曰:"食之则犯罪,告之则不可。"取而埋之。为安成内史⑦,郡舍转凶为安,咸以昭正直所致。

【注释】①中书通事舍人:掌传宣诏命之官。②干预:参与其他事情。③率陋:简陋。④粝:粗米。⑤荐:送。⑥饷:馈食于人。⑦安成:故治在广西宾阳县东。内史:首长,相当于知县。

【译文】梁朝傅昭,任中书通事舍人。那时凡做这个官的人,个个都权倾天下。只有傅昭独自廉洁素静,不过问其他事情。他所用的器皿、穿的衣服都很简陋,他却安然地吃着粗米。有人送给他一条鱼,他不肯收,又不肯拒绝别人,就把鱼放在门旁边。他媳妇有次娘家送来了牛肉,就拿去给傅昭吃。傅昭对儿子说:"牛是禁杀的,我们吃了牛肉就是犯罪,若去告发,在情理上又说不过去。"于是就把牛肉埋在地里。后来他做了安成的内史官,那个地方的官舍本来很凶,他住下后都变成平安宅,大家都认为这是傅昭的正直所感召的。

六十 傅昭静廉

六十一 姚察辞練

姚察布練不受一端临道终命以葬薄棺

【原评】顾协门生送制钱二千,协杖之二十,因此得绝赠遗。姚察门生送南布花練,察不受一端,人且不敢再馈。身为度支、吏部二尚书,而生则仅衣麻布,殁则命葬薄棺。闻其风者,尝使顽夫廉,懦夫立矣。

【原文】陈姚察幼有至性①,以孝闻。蔬食布衣,五十余年如一日。历官度支②、吏部二尚书③,概不交通④。有门生馈南布花练各一端⑤,察辞曰:"吾所衣著,止麻布蒲练。此物于吾无用。"后莫有敢馈遗者。大业二年⑥,终于东都。遗命以薄棺葬,临终一无痛恼,卒后身体柔软,颜色如恒⑦。

【注释】①**至性**:天赋卓绝的禀性。②**度支**:管辖全国财政收支的官署。③**吏部**:掌管丞相御史公卿之事的官署。④**交通**:来往。⑤**门生**:门人,学生。⑥**大业**:隋炀帝年号。⑦**恒**:寻常。

【译文】陈朝姚察,小时候就有天赋卓绝的禀性,以孝顺出名。他吃着蔬菜,穿着布衣,五十多年来始终这样过日子。曾做过度支尚书和吏部尚书,但一概不与别人往来。有一次,他的学生要送给他南布和花练各一匹。姚察辞谢道:"我平常穿的,只要麻布蒲练即可,你的布匹对我无用。"从此就再也没有人送东西给他了。大业二年,姚察死在东都,嘱咐家人他死后只需要用薄薄的棺木安葬。他在死时一点痛苦烦恼都没有,死后身体柔软,脸色与在生时一样。

六十二 眭夸不仕

【原评】 眭夸凤好书传,崔浩博览经史,故同声同气而为莫逆之交也。追浩以直笔撰国记而被诛,夸为之素服,受乡人吊唁。叹曰:"崔公死,谁能更容眭夸?"第,一仕,一不仕。夸之高尚,虽至友如浩,亦不能强之也。

六十二 眭夸不仕

【原文】北魏眭夸,少有大度①,高尚不仕,与崔浩为莫逆之交②。浩为司徒③,奏徵为郎中④,州郡逼遣入京。与浩相见,惟饮酒谈叙平生,不及世务。浩投诏书于夸怀,夸曰:"何足以此劳国士也⑤?吾便将别。"浩以夸所乘骡,内之厩中,冀相维絷⑥。夸遂托乡人输租者⑦,谬为御车出关⑧。

【注释】①大度:胸怀开阔,气量宽宏。②莫逆:志同道合,交谊甚厚。③司徒:相当于丞相的官。④郎中:帝王侍从官的通称。⑤国士:才能优秀的人。⑥冀:企图。⑦输租:缴纳租税。⑧谬:撒谎。

【译文】北魏眭夸,小时候就气量宽宏,品行高尚,不肯做官。他和崔浩是非常要好的朋友。后来崔浩做司徒,就奏明皇上,诏眭夸来任郎中。州郡里的人都逼着眭夸去京城。他和崔浩见了面,大家只是饮酒闲谈,并未谈到世事。崔浩把皇上的诏书放在眭夸怀中,眭夸说:"这个怎么能劳烦兄弟你呢?我这就与你告别,我要回去了。"崔浩把眭夸骑来的那只骡子关在马房里面,企图留住他。眭夸就托来缴纳租税的同乡弄了辆车,谎称是假装给他驾车的,才逃出关去了。

六十三　怀慎清俭

【原评】 许止净谓：怀慎清绝，不为子孙计。而其子奂，亦甚清白。为南郡太守时，污吏敛手，中人之市舶者，不敢干法，远俗为安。箕裘克绍，不坠家风。世之积资财以遗子孙者，实待子孙太虐，而贻以祸殃也。

六十三 怀慎清俭

【原文】唐卢怀慎仕至吏部尚书。清俭不营资产，虽贵，妻子犹饥寒。赴东都掌选①，奉身之具②，止一布囊。属疾③，宋璟卢从愿候之，见所居环堵萧然④，敝箦单籍⑤，门不施箔⑥。会风雨至，举席自障。日宴设食，蒸豆两器而已。及治丧，家无留储。诏赐其家绢百段，米二百斛。官为立碑。

【注释】①东都：即今河南省洛阳市。掌选：主持选拔举荐。②奉身：养身。③属疾：生病。④环堵：形容狭小陋室。萧然：萧条。⑤箦：泛指席子。籍：门籍。古代悬挂在门前的记名牌，长二尺，竹制，书写官员姓名等信息。⑥箔：帘子。

【译文】唐朝卢怀慎，官至吏部尚书。他清白勤俭，不营私家产业。官职很大，但家里的妻子还是忍受着饥饿寒冷。他到东都洛阳主持选拔举荐工作，随身的东西就只有一个布包袱。有一次他生病，宋璟和卢从愿两个人去看他，只见他所住的狭小陋室，整个屋子都很萧条，破旧的席子，只有单门籍，又没有门帘。这时刚好风雨来了，卢怀慎就举起了一张席子来挡风雨。天色不早了，他就请他们二人吃饭，仅有两碗蒸豆罢了。卢怀慎死后，治丧时，家里没有多余的财物。皇上知道了，就赐给他家一百段绢、二百斛米。官府又给他立了碑。

六十四　裴宽瘞鹿

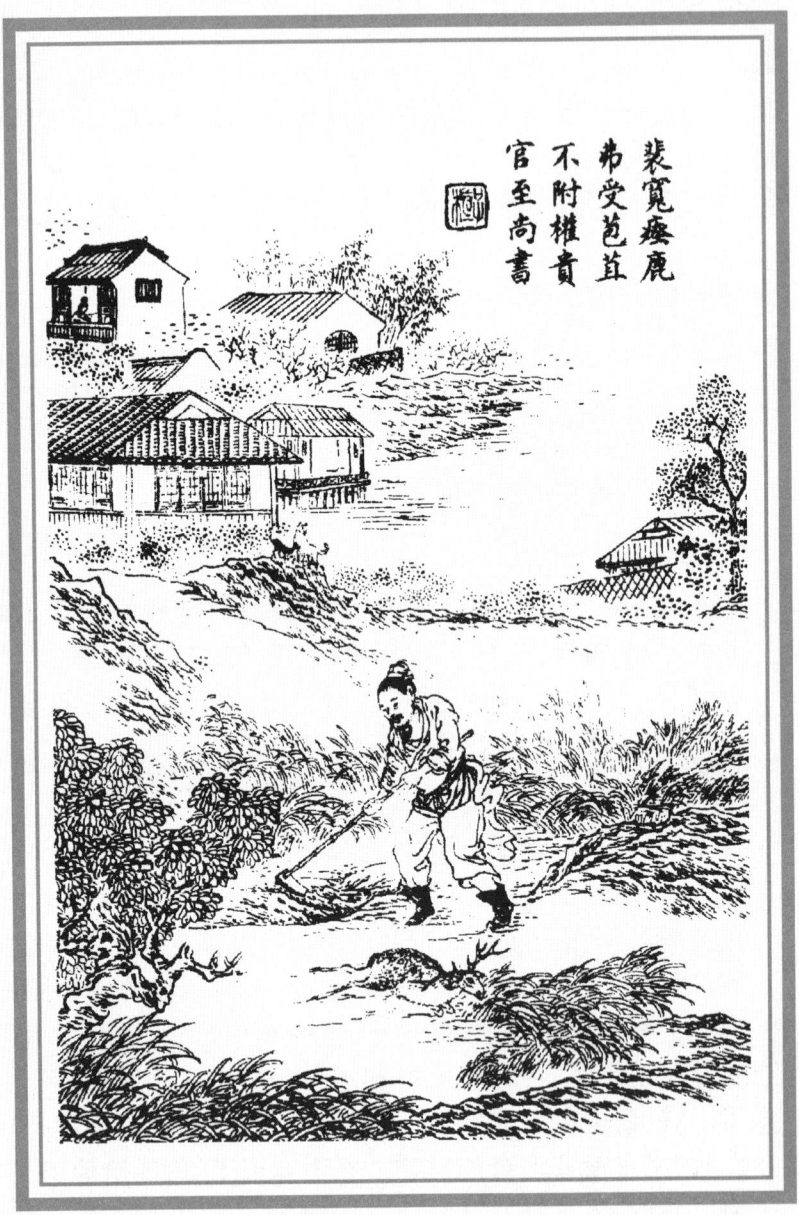

裴宽瘞鹿
弗受苞苴
不附权贵
官至尚书

【原评】裴公兄弟八人，天性友爱。在都治时，八院相对，常击鼓会饭。政务清简，人皆爱之。至廉而又悌矣。许止净谓其不受苞苴，而姻缘凑合；不附权贵，而昆季联芳。此皆出人意计外者，非天相乎。

【原文】唐裴宽为润州参军①。刺史韦诜有女,登楼,见人于后囿有所瘗②,访令偕来,问其状。曰:"宽义不以苞苴污家③。适人以鹿为饷,致而去。不敢自欺,故瘗之。"诜嗟异,妻以女。累迁蒲州刺史④,久旱,入境辄雨。徙河南尹⑤,不屈附权贵。终礼部尚书。兄弟八人,皆任台省州刺史⑥。

【注释】①润州:今江苏省镇江市。②后囿:后园。瘗:埋藏。③苞苴:馈赠的礼物。④蒲州:今山西省永济市。⑤尹:府尹,相当于太守。⑥台省州:台省,指政府的中央机构。台省州指政府中央机构所在的州府。

【译文】唐朝裴宽,任润州参军。这时,刺史韦诜有个女儿。有一日,韦诜在楼上看见有人在后园泥地里埋藏东西。韦诜查问,知道是裴宽,就叫他来询问怎么一回事。裴宽说:"我不能接受私下馈赠的礼物,以玷污清白的家声。刚才有人送我鹿肉,放下就走了。我不敢欺骗自己的心,就把鹿肉埋了。"韦诜听完,非常惊叹,就把自己的女儿嫁给了他。裴宽屡次升官,做到了蒲州刺史。蒲州很久没下雨了,裴宽一来到这里,就下雨了。后来他又做河南府尹,他不会屈服自己去攀附权贵。最后做官到礼部尚书。他弟兄一共八人,都任台省州刺史。

六十五 郭曜献赐

郭曜俭朴
廉德独尊
德宗复赐
散诸弟昆

【原评】汾阳王弟男七人，同日拜官，前古未闻。青紫照庭，冠盖成里。而次子曜，独能廉谨俭朴，矫矫出群，尤为难得。至遵遗命，尽献四朝所赐名马珍玩。而上复赐之，则散诸昆弟，其廉德更足称焉。

【原文】唐郭曜性孝友廉谨。父子仪出征,每留曜治家,少长千人,皆得其所。诸弟争筑池馆,盛其车服。曜以俭朴自处,累迁至太子宾客①。建中初,子仪罢兵柄②,乃遍加诸子官,以曜为太子少保③。子仪薨④,曜遵遗命,四朝所赐名马珍玩,悉皆上献。德宗复赐之,曜乃散诸昆弟⑤。

【注释】①**太子宾客**:为太子东宫属官,掌调护侍从规谏。②**兵柄**:兵权。③**太子少保**:太保的副手。④**薨**:逝世。⑤**昆**:哥哥。

【译文】唐朝郭曜,生性孝顺友爱,廉洁恭谨。他的父亲郭子仪带兵出征时,都是留下郭曜在家治理家务,整个家里老少过千人的事务都被他治理得非常稳妥。他的弟弟们争着建筑池馆,车马衣服装饰得很豪华。唯有郭曜生活俭朴,累次升迁,官至太子宾客。建中初年,郭子仪罢免了兵权,就给他的儿子们都加了官,郭曜做了太子少保。郭子仪死后,郭曜遵守父亲遗嘱,把四朝皇帝赐给他父亲的名马和珍宝都尽数献还给皇上。德宗皇帝又赐给了他,但郭曜把这些赏赐都分给众兄弟。

六十六　程骧散财

程骧问母，悲泣涟洏，不悲富贵，而慕义财，悉散其财

【原评】程骧可谓干父之蛊矣。以盗而致资百万，不廉孰甚。徒以改行已久，故骧未得知之。且骧，童子耳，一旦闻母言，数日不食，悉散其财。甚至贫无以养母，反赖塾师供其饘粥布帛也。骧固廉，而其母亦廉。

【原文】唐程骧之父为盗,致资百万。老而改行,不复出里闬者十五年①。既卒,骧不知此事。后有过,母詈曰②:"此种不良,庸有好事邪③?"骧泣问故,母悉告之。骧数日不食,尽散其财。逾年甚贫④,就里中读书。师贤之,时与饘粥布帛,使供母。文行渐著。开成初⑤,相国彭公聘之,不起。

【注释】①闬:里门。②詈:骂。③庸:副词,岂,难道。④逾年:第二年。⑤开成:唐文宗年号。

【译文】唐朝程骧,他的父亲原来是个强盗,积累百万家财。父亲到了老年才收手不干,不出里门十五年,直到死,程骧都不知道父亲曾经做过强盗。有一次程骧犯了过错,他的母亲骂道:"种子不良,哪能做出好事来?"程骧哭着问母亲为何这样骂。母亲就把父亲曾经是强盗的事告诉了他,程骧听了后几天不吃饭,并把家财散尽。过了一年,他家就很贫穷了。他在乡里读书,先生认为他贤达,时常给他米粥布帛,让他供养母亲。后来他的学问和品行都逐渐出了名。开成初年,宰相彭公来聘他做官,但他不去。

六十七　温叟封钱

宋刘温叟
太守赠钱
久贮西舍
封识宛然

【原评】 温叟不特孝且廉也，其好古执礼，五代以来，当推为第一人焉。光义知其清介，遣吏送钱，殆以试之耳。温叟以却之则非礼，受之则不廉，命吏封识，经岁宛然。光义乃不得不命辇归矣。

六十七 温叟封钱

【原文】宋刘温叟性重厚方正,事继母以孝闻①。开封府尹光义闻温叟清介②,尝遣府吏赍钱五百千遗之。温叟不敢却,贮厅事西舍,令府吏封识而去。明年端午,复送角黍纨扇③。所遣吏即送钱者,视西舍封识宛然④。吏还以告,光义曰:"我送犹不受,况他人乎?"乃命辇归府中⑤。

【注释】①事:侍奉。②开封:今河南省开封市。府尹:长官。③角黍:粽子。纨扇:团扇。④宛然:仿佛,很像。⑤辇归:用车子载。

【译文】宋朝刘温叟,生性稳重厚道,端方正直,侍奉后母以得孝名。开封府尹光义知道刘温叟的廉洁高尚,就叫府吏带了五百千钱送他。刘温叟不敢推却,就把钱都放在厅旁西边的房子里,叫那个府吏在房门上做好密封标记才回去。第二年的端午节,光义又送给他粽子和扇子。这次送东西来的人就是上次送钱来的。他看见西边房门上的封记和去年一样,回去就把情况告诉了光义。光义说:"我送东西给他,他尚且不要,更何况别人呢?"于是就叫人去刘温叟家,把他之前赠送的东西全部用车子载回衙门。

六十八　冯京拒贵

冯京笃道
少年登科
力拒权贵
不受娇娥

[原评] 许止净谓：京父壮岁无子，买妾涕泣。问知其父欠折，鬻女赔偿，即遣女归，不索原金。翌年，其妻生京。而京少年登科，即能力拒权贵，不为势逼，不为利诱，所以终能为正直不阿之臣，不负父之德荫也。

【原文】 宋冯京幼时,其父式常题其所读书后云:"将作监丞通判荆南军府事冯京①。"后十一年举进士,廷试皆第一,为将作监丞,通判荆南,如式之言。时犹未娶,张尧佐恃外戚势②,欲妻以女。拥至家,束之金带,曰:"此上意也。"顷之③,宫中携酒殽来④,出奁具⑤。京笑之不受,力辞出。

【注释】 ①**将作监丞**:掌营造宫室之官。**通判**:在州府长官之下,对州府长官有监察责任。**荆南**:在湖北省荆州市。②**外戚**:指皇帝的母族、妻族。③**顷之**:一会儿。④**殽**:菜肴。⑤**奁具**:嫁妆。

【译文】 宋朝冯京,小时候,他的父亲冯式常在他所读书本的后面题字:"将作监丞通判荆南军府事冯京"。十一年后,冯京中了进士,在殿试中获取第一名,任将作监丞,在荆南做通判。一切如他父亲所说的一样。这时冯京还未娶亲,有个张尧佐,仗着自己是皇亲国戚,要把女儿许给冯京做妻子。他把冯京硬拉到家里,替他系上金腰带,说:"这是皇上的旨意。"过了一会,宫里送来了酒菜,还有丰盛的嫁妆。冯京笑着,不肯收受,竭力辞别出来。

六十九　林积还珠

林积邸寓
得一锦囊
明珠数百
悉返浔阳

【原评】思永童时还钏,林积少年还珠,皆贱货而贵德焉。乃周仲津以分珠酬积不受,竟感恩不已,以数百贯钱,就佛寺修斋,为积祈福。积后登第,官至大中大夫,其家世世簪缨不绝。积厚流光,良有以也。

六十九 林积还珠

【原文】宋林积少入京师，至蔡州邸寓①，得锦囊，有明珠数百颗。询主人曰②："前有何人宿此？"主人云："浔阳周仲津③。"积曰："此人必复至。汝可具吾姓名告之，令来相访。"数日，仲津果至蔡邸寻珠，主人具以姓名告之。乃趋访积，积验其珠，数皆合，悉还之。仲津分珠谢，积固辞不受。

【注释】①蔡州：今湖北枣阳西南。邸寓：寓所。②询：询问。③浔阳：今江西省九江市。

【译文】宋朝林积，少年时去京师，在蔡州的一个寓所里拾到一只锦囊，里面有几百颗明珠。林积问旅馆的主人："之前是什么人住在这里？"主人说："浔阳人周仲津。"林积说："这个人一定会再来，你可把我的姓名告诉他，叫他来找我。"过了几天，周仲津果然回到蔡州的旅馆寻找明珠。主人就把林积的姓名告诉他。周仲津去拜访林积，林积叫他说出珠子数目，与他所拾到的珠子数目一样，就把明珠全部还给了周仲津。周仲津分出部分明珠来酬谢林积。林积坚决推辞，不肯收。

七十　思永拾钏

思永年幼
拾金候还
失物不索
钏堕袖间

【原评】许止净谓：拾遗不取，难，而在儿时尤难；失物不索，免彰人过，更难，而在贫时，则难中之难。彭公诚雅量矣。然失物固当缓以置之，不可轻易诬人，免增罪戾。彭公后举进士，累官户部侍郎，忠厚之报也。

【原文】宋彭思永幼时,旦起就学①,得金钏于门外,默坐其处。须臾②,亡钏者来③。物色审之良是④,即付之。其人欲谢以钱,思永笑曰:"使我欲之,则匿金矣。"始就举⑤,持数钏为资。同举者过之,出而玩。或坠其一于袖间,众为求索。思永曰:"数止此耳。"客去,举手揖,钏坠于地。众服其量⑥。

【注释】①就学:上学。②须臾:一会儿。③亡:遗失。④物色:观察其脸色。⑤就举:应考科举。⑥量:气度,气量。

【译文】宋朝彭思永,小时候,一早起床去上学,在门外拾得一只金钏,他就静静地坐在那里等。过了一会,遗失金钏的人来了,他询问了一番,那人果然是金钏的失主,于是就把金钏还给他。失主想用钱酬谢他,他笑着说:"如果我想要钱,我就把金钏藏起来了。"去参加科举考试时,他带了几只金钏子作路费。几个一起赴考的人去探望他,他拿出金钏子一起玩赏。有个人失落一只钏子在袖口里。大家觉得少了一只,就替彭思永寻找,彭思永说:"我钏子的数目就是这么多,没有少。"袖里落了钏子的客人临走时举手作揖,那只金钏子掉在地上,大家都佩服彭思永的大量。

七十一 茂烈安贫

【原评】 陈公为吉安推官,考绩过淮,寒无絮衣,冻几殆。入为监察御史,袍服朴陋,乘一疲马,人望而敬之。母老终养,治畦汲水,躬自操作。吏部以其贫,禄以教谕,不受。廉而不自居廉,孝而不自居孝,尤足称也。

【原文】明陈茂烈以母老终养①,供母之外,不治一帷②。禄以晋江教谕③,不受。上给以月米,上书言:"臣素贫,食本俭,故臣母自安。而臣亦得以自逭其罪④,非有及人之廉,尽己之孝也。古人行佣负米,皆以为亲。臣母年已八十六,臣欲尽心,尚恐不及。上烦官帑⑤,心窃未安。"上不允。

【注释】①终养:奉养父母,以终其天年。多指辞官归家以终养年老亲人。②帷:泛指起间隔、遮蔽作用的悬垂的布帛制品。③禄:禄位,官位。晋江:在今福建省泉州市。教谕:负责教育生员的正式教师。④逭:逃避。⑤官帑:国库,国库的钱财。

【译文】明朝陈茂烈,因奉养母亲终老辞官。他的一切使用非常省俭,除了供养母亲外,甚至一张门幕也没有置办。朝廷请他任晋江教谕,他不肯去。皇上每月赐给他粮食,他上书一封信给皇上,说:"我向来贫苦,吃用俭省,所以我的母亲得以安乐过活。而我也因为贫穷而避掉些罪过,并非我比别人廉洁,是我尽自己本分孝顺母亲罢了。古时候的人,做苦工得的米拿回家,都是为了奉养双亲。我的母亲已经八十六岁了,我想尽做儿子的孝心还怕做得不够。如果用到国库的钱财,我的心很不安啊。"皇上不肯答应,仍旧要赐东西给他。

七十一 茂烈安贫

七十二 一儒扃奁

【原评】许止净谓：范文正为子娶妇，欲焚妇家妆奁于中庭，以严拒之。乃一儒不加拒却，而扃之别室。既不败坏家风，更以济其贫乏，使人皆知富贵如浮云。而俭德久而可贵，于训世之道，倍觉深切著明矣。

【原文】明刘一儒,官刑部侍郎①,张居正之姻也②。居正当国③,一儒尝贻书规之。居正没④,其亲党皆坐斥⑤,一儒独以高洁名。寻拜工部尚书⑥,甫半载,移疾归。初,居正女归一儒子,珠琲纨绮盈箱累篋,一儒悉扃之别室⑦。居正死,资产尽入官。一儒乃发向所缄物⑧,还之。卒谥庄介。

【注释】①刑部侍郎:官名。②姻:亲家。③当国:主持国事。④没:死。⑤坐:受牵连。⑥寻:不久。工部尚书:官名。⑦扃:关闭。⑧缄:封藏。

【译文】明朝刘一儒,任刑部侍郎,就是当时首相张居正的亲家。张居正做宰相时位高权重,刘一儒就写了一封信去规劝他。后来张居正死了,凡是他的亲戚同党,都受到牵连追责,只有刘一儒因为清高廉洁没有受牵连。不久,他就任工部尚书,但才半年,他就称病辞官。初时,张居正的女儿嫁给刘一儒的儿子,嫁妆丰盛,珠子绸缎,堆了一箱又一箱。刘一儒把所有财物都锁在另一所房子里。张居正死后,家产悉数充公。刘一儒把从前封起来的张家嫁妆,全还给张居正家人。刘一儒死后,谥号"庄介"。

七十三　叔姬埋羊

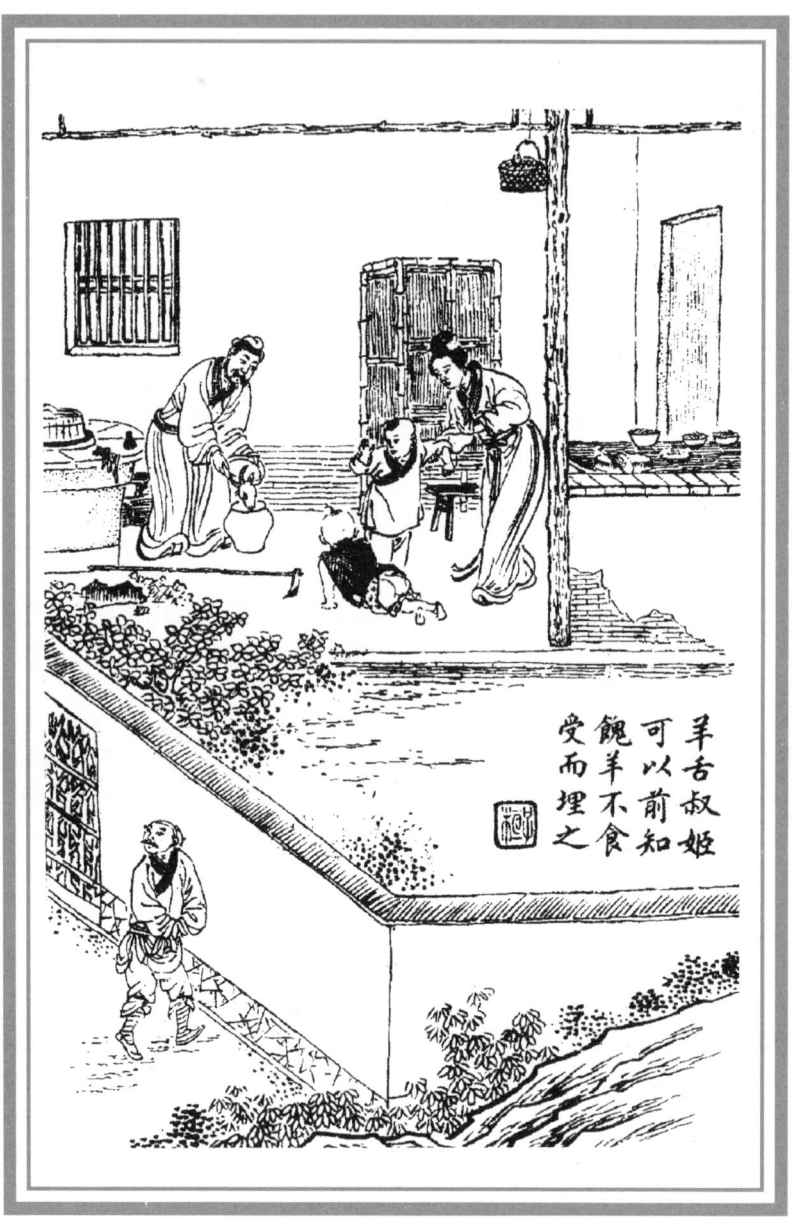

羊舌叔姬
可以前知
饿羊不食
受而埋之

[原评] 叔姬知拒羊必不容,智也;既受羊而不食,义也;不食羊而埋之,廉也。羊舌子虽廉,其智、其义,皆不及也。至生叔鱼,即知其贪婪,必以赇死而不见。闻伯硕,即断其野心,必以灭族而不往。尤令人钦佩矣。

【原文】周晋叔姬,大夫羊舌子之妻也。羊舌子好正,不容于晋,去而至三室之邑①。邑有攘羊者②,遗以羊首,羊舌子不受。叔姬曰:"恐又不容,不如受之。"羊舌子欲烹与子食。叔姬曰:"童子岂可食以不义之肉,不若埋之以自明?"后二年,攘羊之事发,都吏至③。羊舌子告以故,发而视之,则羊舌尚存。因得免。

【注释】①三室之邑:只有三户人家的村子,偏僻小乡村。②攘:偷盗。③都吏:官名。

【译文】周朝晋国的叔姬,是大夫羊舌子的妻子。羊舌子为人正直,不被晋国人所容,就去一个三家村住下了。村里有人偷来了一只羊,把羊头送给羊舌子。羊舌子不肯要,叔姬说:"你如果不收下羊头,恐怕这里又不容你了,不如收下算了。"羊舌子收了羊头,想煮了给两个儿子吃。叔姬说:"孩子们怎么可以吃这种来之不义的肉?不如把羊头埋在地里,以示清白。"过了两年,偷羊的事情被揭发,官吏来到羊舌子家中,羊舌子说出了事情的始末,并在地里挖出了当年的羊头。只见羊头里的舌头还在,羊舌子得以免罪。

七十三 叔姬埋羊

七十四　乙母让布

江乙之母
七布八寻
指责令尹
不受赐金

【原评】孙叔敖之为令尹也，道不拾遗，门不闭关，而盗贼自息。盖上不明则下不治，相不贤则国不宁。所谓国无人者，非无人也，无理人者也。善哉江乙母之言乎！今且不特盗布矣，何竟无江乙母之人耶？

【原文】周楚江乙为郢大夫①,有入王宫盗者,令尹以罪乙②,请于恭王,绌之③。无何④,其母亡布八寻⑤,遂见王,言令尹盗之。王不信。母曰:"令尹不身盗之也,乃使人盗之。令尹耳目不明⑥,盗贼公行,是故盗得盗妾之布,与使人盗何异?"王善其辞,命吏偿布赐金。母曰:"妾岂贪货而干大王哉⑦?怨令尹之治也。"遂去不受。王召江乙复用之。

【注释】①郢:地名,在湖北省。②令尹:官名,相当于宰相。③绌:罢黜。④无何:不久。⑤寻:古代计量单位,一寻等于八尺。⑥耳目不明:昏庸无能。⑦干:干犯,打扰。

【译文】周朝楚国的江乙,在郢地任大夫。这时候,有人潜入王宫偷盗,宰相以为这是江乙管治不善所造成,向恭王提议罢免江乙。江乙就此免官。不久,江乙的母亲遗失八寻布匹。她去见楚王,说是宰相偷了她的布,楚王不信。她说:"不是宰相亲自偷,是他使人来偷的。宰相昏庸无能,治理不善,所以盗贼公然偷盗。这么一来,他偷我的布匹,与他使人来偷有什么区别呢?"楚王赞同她的话,命官吏赔偿她丢失的布匹,再赐予她金子。江乙的母亲说:"我难道是为了贪图小便宜而来为难大王吗?我不过是埋怨宰相治国的不善罢了。"说完,就走了,不接受大王的赏赐。于是楚王召江乙回来继续做官。

七十四 乙母让布

七十五　贞姬辞聘

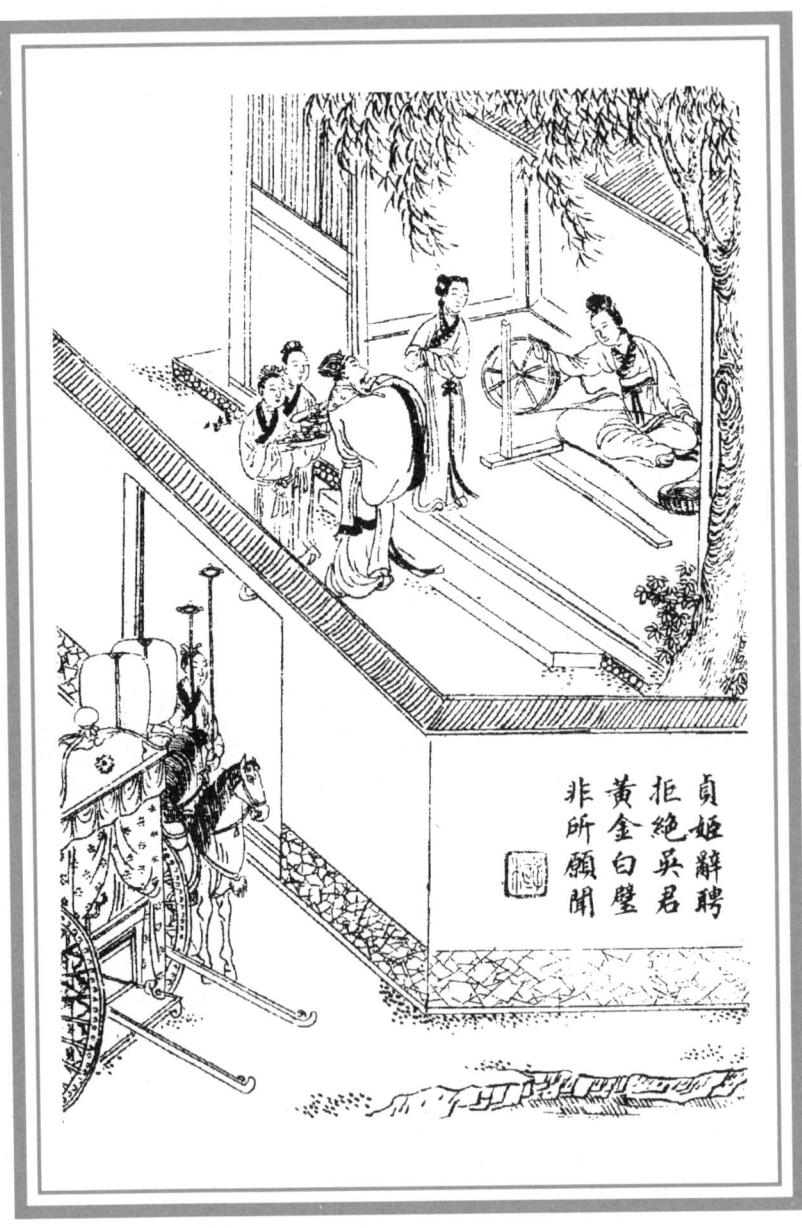

贞姬辞聘
拒绝吴君
黄金白璧
非所愿闻

【原评】忠臣不借人以力,贞女不假人以色。岂独事生若此,事死亦然。世人不能从死,又去而嫁,不亦太甚乎?彼贞姬者,且却君王金璧之聘,拒大夫辎軿之迎,可谓富贵不能淫矣。宜刘向称其廉洁诚信也。

七十五 贞姬辞聘

【原文】周楚贞姬,白公胜之妻也。早寡,纺绩不嫁①。吴王闻其贤,使大夫持黄金千镒②,白璧一双,聘为夫人③,以辎軿三十乘迎之④。贞姬辞曰:"白公不幸而死,妾愿守其坟墓,以终天年⑤。今君赐以金璧之聘,辎軿之迎,妾非所愿闻也。夫弃义从欲者,污也;见利忘死者,贪也。贪污之人,君何以为哉?"竟辞聘不行。吴王贤之,号曰"贞姬"。

【注释】①纺绩:纺纱辑麻。②镒:二十两为一镒。③聘:娉娶正妻。④辎軿:辎车和軿车的并称,后泛指有屏蔽的车子。⑤天年:自然的寿数。

【译文】周朝楚国的贞姬,是白公胜的妻子。很早就守寡了,以纺纱辑麻为生,不再嫁人。这时,吴王知道她的贤良,就派遣大夫拿着一千镒黄金、一对白玉,去聘娶她做吴国夫人,又用三十辆四面有屏蔽的车子来迎接她。贞姬推辞说:"我的丈夫不幸死了,我愿意守着他的坟墓,直到我死去。如今君王用黄金白玉聘我,用车子来接我,都不是我想要的。为了欲望而抛却义气,是污秽的行为;为了利益忘记死节,是贪婪的行为。我若收了君王的礼物,做君王的夫人,我就是贪婪污秽之人,君王还要来做什么呢?"最后竟然辞谢了聘礼,不肯去当吴王的夫人。吴王佩服她的贤良,赐号"贞姬"。

七十六　霸妻清节

王霸之妻
不慕荣禄
夫有愧容
进言清淑

【原评】吕坤谓：富贵不足荣，亦不为辱；贫贱不足慕，亦不为羞。霸有可行之道，何必慕箕颍以鸣高；霸无仕进之心，何必见赵孟而生愧。总之真识不定，道心未纯耳。其妻清节数语，则确然隐君子之高蹈也。

【原文】汉王霸，少立高节。光武时连徵不仕，其妻亦美志行。霸友令狐子伯相楚，其子为郡功曹①，奉子伯书诣霸。霸子方耕，闻客至，负耒而归②，见令狐子，惭沮不能仰视③。霸亦内愧，令狐子去，卧不起。妻讯知其故，笑曰："君少修清节，不慕荣禄。今子伯之贵，孰与君之高？奈何忘夙志而愧儿女子乎④？"霸亦爽然自失⑤，遂偕隐终身。

【注释】①**功曹**:官名。②**耒**:一种农具。③**惭沮**:惭愧沮丧。④**夙志**:平素的志愿。⑤**爽然自失**:迷惘无主见，无所适从。

【译文】汉朝王霸，小时候就有高风亮节。汉光武帝时,他被征召做官好几次,都不肯去。他的妻子志愿品行也很好。王霸的朋友令狐子伯是楚国的宰相,其子是郡县任功曹。有一次,令狐公子带着父亲的信,来到王霸的家里。这时,王霸的儿子正在田里干活,听到有客人来就背着农具回家。他看见做官的令狐公子,自惭形秽得不敢抬头。王霸看见了,心里也暗自惭愧。令狐公子走后,王霸就郁闷地卧床不起。他妻子一问,知道原因后笑着说:"你小时候就有高风亮节,不贪慕荣华富贵。现在令狐子伯的富贵,又怎么及得上你的清高呢？怎么会忘记了自己昔日的志向,为了儿女而心生惭愧呢？"王霸听完,无话可说,于是夫妻两人终身隐居。

七十六 霸妻清节

七十七 宪英俭约

羊辛宪英
勉琇致節
錦被嫌華
反覆較潔

【原评】喜华美,乐显荣,此妇人之常情也。而羊辛氏则子为参军,视为家难。侄送锦被,反而覆之。足见其绝无希荣心矣。其勉子致节一言,尤足为千秋不易之明训。

【原文】魏羊耽妻辛宪英,陇西人①,侍中毗之女也②,聪明有才鉴③。钟会之入蜀也④,宪英曰:"会纵恣,非持久处下之道,吾畏其有他志也。"及会请其子琇为参军⑤,宪英忧曰:"他日吾为国忧,今难至吾家矣。"谓琇曰:"君子入则致孝于亲,出则致节于国。汝行矣,其戒之。"耽有从子祜尝送锦被⑥,宪英嫌其华,反而覆之。其明鉴俭约如此。

【注释】①陇西:在甘肃省定西市,因在陇山以西而得名。②侍中:宰相的属官。③鉴:指照察审辨的能力。④蜀:三国之一,蜀汉。⑤参军:参谋军事之官。⑥从子:侄儿。

【译文】三国时期魏国羊耽的妻子辛宪英,陇西人,是侍中辛毗的女儿。她生性聪明,有才干见识。当钟会攻入蜀国时,辛宪英说:"钟会行为放纵自恣,他不会长期居于人下,我担心他另有所图。"后来钟会邀她的儿子羊琇去任参军,辛宪英忧愁地说:"以前我替国家担忧,现在危难却来到自己家里了。"她对儿子说:"君子在家孝顺父母,出外尽忠国家。你如今外出,要以此为戒。"羊耽的堂侄羊祜送给他们一张棉被,辛宪英觉得被子太过华丽,就把它翻转过来盖。从上面的几件事,我们就可以知道她的见识和俭朴了。

七十八 李习求贫

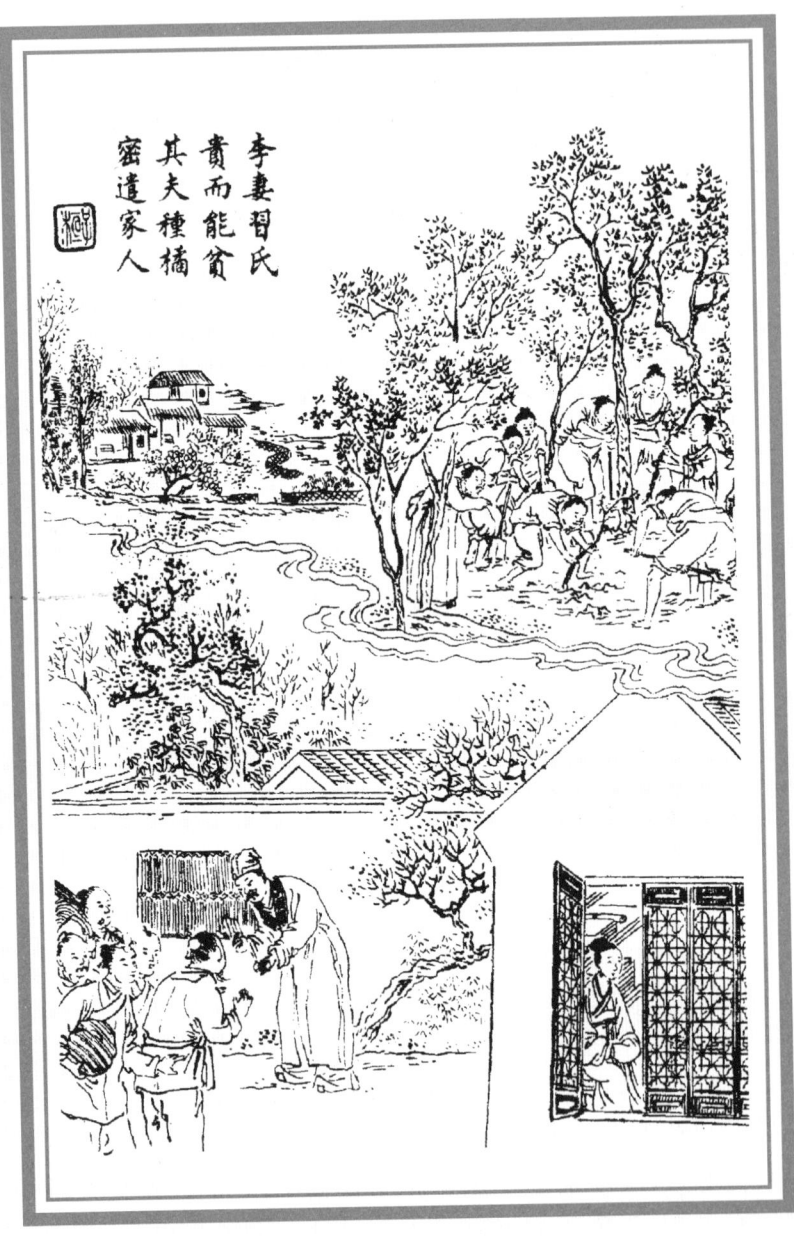

李妻习氏
贵而能贫
其夫种橘
窃遣家人

【原评】人每喜治家业，无非悦其妻耳，遗其子耳。李衡初为丹阳太守，后加威远将军，而治家业之心，犹不异普通人士。独其妻，且即此千头甘橘，尚不乐其有也。"贵而能贫方为善"一语，愿人人三复之。

【原文】 吴李衡欲治家业,其妻习氏不听,乃密种甘橘千株。临殁①,谓子曰:"汝母不愿我治生②,故穷如此。然吾州里有千头木奴,亦可足用。"子不知所谓,以告母。习曰:"此殆甘橘也③。汝父尝谓江陵千树橘,当封吾家。吾答曰:'人患无德义,不患不富。若贵而能贫,方善耳。用此何为?'七八年前,家中突失十户客④,殆遣去种橘矣。"

【注释】 ①殁:死。 ②治生:经营家业。 ③殆:大概。 ④户客:门客。

【译文】 三国时吴国的李衡,想要治理家业,他的妻子习氏不肯,于是他就暗地里种了一千株橘子树。李衡将死时,对儿子说:"你母亲不愿意让我去治理家业,所以我们家才穷成这样。然而在故乡有一千头木奴,足够你们生活了。"儿子听不明白,就去跟母亲说了。习氏说:"指的大概就是橘子树吧。你的父亲曾经说江陵的一千株橘树,当是我们家的封土。我当时答道:'人在世上,只怕没有道德仁义,不怕家里不富裕。如果富贵时仍能安于贫穷,这才算是好。要这些橘子树干什么呢?'七八年前,家里突然不见了十个门客,大概就是你父亲差遣他们去种橘子树了。"

七十九　姚杨谢姊

姚妇敝衣
屡谢其姊
遣车迎之
坚拒不起

【原评】 姚杨氏者，符家内外皆笑，号为"痴姨"者也。乃以衣裳敝陋，得免罪乎。吕坤谓：蝇集腥，蚁附膻，常胥及焉。即承祖不败，而有义有命。彼富贵者，岂吾所宜资哉？杨姨不痴，不必验之成败间矣。

【原文】 北魏姚杨氏，阉人符承祖姨也①。家贫，无产业。及承祖为文明太后所宠，亲姻皆求利润。唯杨独不欲，谓姊曰："姊虽有一时之荣，不若妹有无忧之乐。"姊遗其衣服，多不受。强与之，则云："家贫，美服使人不安。"遣车迎之，不起。强舁车上②，则大哭言："尔欲杀我？"及承祖败，执其二姨至殿庭，一致法，姚杨氏衣裳敝陋，免罪。

【注释】 ①阉人：太监。姨：妻子的姐妹。②舁：抬，扛。

【译文】 十六国时代，北魏国女子姚杨氏，是太监符承祖妻子的妹妹。她家里贫苦，没有产业。等到符承祖受到文明太后宠爱时，亲戚们都向他要求好处。只有姚杨氏没有去求，独自过自己的贫苦生活，还对姊姊说："你享受着一时的荣华富贵，还不如我没有忧愁地快乐过活啊。"姊姊送给她衣服，她总是不要。如果强迫她要，她就说："我家里贫穷，如果穿漂亮衣服，我会不安乐的。"姊姊用车子来迎接她，她不肯上车。硬把她抬上车后，她就大哭说："你们想杀我么？"后来符承祖衰败了，连他妻子的两个姊妹也被捉到了殿上去，一个被治罪了，另一个就是姚杨氏，因穿着破旧而被免罪。

七十九 姚杨谢姊

八十 种母林居

种母谷隐
子被干旌
焚其笔砚
不慕时荣

【原评】种氏母其知道乎？《遗教经》云："能知足者，虽贫而富。不知足者，虽富而贫。"老子云："知足不辱，知止不殆。"韩愈云："与其有乐于其身，孰若无忧于其心？"虽焚笔弃砚，未免太过，然足以愧母之乐子幸进者。

【原文】宋种放母,洛阳人,性乐道,薄滋味。诸子皆干进①,不说也;独放沉默好学,说之。与俱隐终南豹林谷中,放授徒以养。结草为庐,仅蔽风雨,晏如也②。放后以荐被徵,入告母,母曰:"常劝汝勿聚徒讲学,身既隐矣,焉用文为?今果为人知而不得安处,我将弃汝入山矣。"放称疾不起。母尽取其笔砚焚弃之,与择人避地者居焉③。

【注释】①干进:热心仕途。②晏如:安乐,安宁。③择人避地者:隐士。

【译文】宋朝种放的母亲,洛阳人,生性乐于守道,喜欢粗茶淡饭。种母不喜欢那些爱去做官的孩子,而喜欢沉静寡默、专心研究学问的种放。母子二人在终南山豹林谷里隐居,种放在那里教授几个学生,以酬金奉养母亲。他们住着用茅草搭建的房子,仅能够遮挡风雨,但母子二人住得心安理得。后来种放被人举荐,朝廷邀他出来做官。他去告诉母亲,母亲说:"我时常叫你不要招收学生,既然隐居了,还做什么文章呢?现在被人知道了,哪能安乐过日子。那我将要离开你,独自去深山过日子了。"种放就以生病为由,不去做官。他的母亲把儿子的笔墨纸砚烧了扔了,和其他隐居的君子一起住着。

八十一　修母荻训

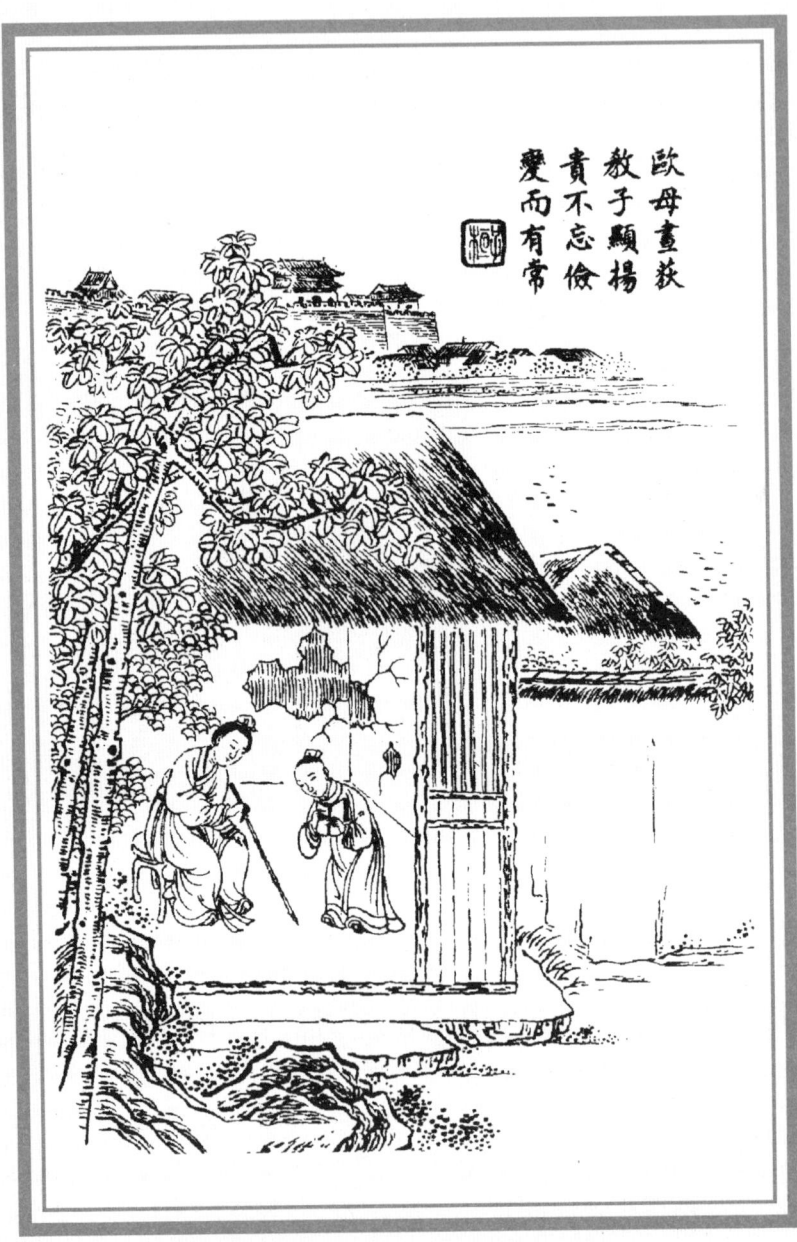

欧母画荻
教子显扬
责不忘俭
爱而有常

【原评】 俭薄所以居患难也,旨哉言乎?厥后修以直谏贬,欧母言笑自若,且曰:"汝家固贫贱,吾处之有素矣,汝其安之。"修卒为宋贤相。欧母之教子,自始至终,以俭助廉,尤足为天下后世抚孤成立之模范也。

【原文】宋欧阳修母郑氏,生修四岁而寡。贫,自力于衣食,亲诲之学。尝大雪夜,以荻拨炉灰画字学书。居恒语修以:"父为吏时,廉而好施与。俸入虽薄,常不使有余,曰:'毋以是为我累。'故亡后无一钱之积,一垄之植①。吾所恃以有待者,知汝父仁孝,必有后也。"修感泣,奋力于学。方贫贱时,母治家俭,修举进士,稍显,常不使过之。

【注释】①垄:土地面积单位。

【译文】宋朝欧阳修的母亲郑氏,欧阳修才四岁,她就守寡了。家里非常贫苦,她辛勤劳苦既养家又教导儿子读书。一次在下大雪的夜里,用荻草梗作笔,划着地下炉灰来教儿子写字。郑氏常常对儿子说:"你的父亲做官的时候,廉洁又好救济贫苦人家。俸禄少,家里总是没有剩余钱。你父亲说:'不要被钱财连累啊。'所以他死后没有留下一钱一地。但我心里还是觉得有希望的,你的父亲仁孝,我知道他一定会有很好的子孙。"欧阳修听完,感动得哭了,于是很用心读书。贫贱的时候,郑氏以俭朴持家,等到欧阳修中了进士,稍稍显贵,郑氏仍旧过着以前的节俭生活。

八十二 曹后止征

曹后节俭
种穀亲蚕
谏征燕蓟
止帝贪婪

【原评】曹后平卫士之乱,救灭焚帝;拒幸姬之言,肃清禁掖;张妃请盖出外,允借无难;侄弟进谒宫中,帝留不许;苏轼以诗得罪,原其过微;安石以法疲民,言其怨众。慈圣之德政孔多。吾取其节俭无贪者。

【原文】宋仁宗曹后，彬之孙女也。性节俭，喜稼穑①。宫中种五谷，亲蚕。元宵，仁宗欲于禁中张灯②，后谏止。仁宗崩，英宗冲龄即位③。会病④，尊为太后，垂帘听政，天下翕然⑤。英宗愈，即归政。神宗立，尊为太皇太后。神宗欲伐燕蓟⑥，后曰："得之不过南面受贺而已⑦。万一不谐，则生灵所系。苟可取之⑧，太祖、太宗收复久矣，何待今日？"乃止。

【注释】①稼穑：耕种和收获。②禁中：皇宫里。③冲龄：幼年。④会：适逢。⑤翕然：安宁，和顺。⑥燕蓟：即今辽宁省地区。⑦南面：古代以坐北朝南为尊位，故帝王诸侯见群臣，皆面向南而坐，因用以指居帝王或诸侯、卿大夫之位。⑧苟：如果。

【译文】宋仁宗的皇后曹氏，是曹彬的孙女。生性节俭，喜欢种田。她在宫中种了五谷，并亲自养蚕。某年元宵节，仁宗皇帝想在宫中张挂灯饰，曹后就劝止了。仁宗死后，还在幼年的英宗继位。英宗病了，曹后被尊为皇太后，在大殿上垂了帘子，坐在帘子后面帮忙治理国事，天下太平。英宗病好后，曹太后把政权交还给他。后来神宗做了皇帝，她就尊为太皇太后了。有一次，神宗皇帝想去攻打燕蓟，她说："你攻下那个地方，最多就是他臣服于你，向你进贡一点东西罢了。万一攻打不下，那就事关百姓的生命。如果那个地方容易征服，太祖皇帝、太宗皇帝在位的时候，早就把它收复了，哪用等到现在？"神宗皇帝就打消了念头。

八十二 曹后止证

八十三　高后减政

高后减政廉明勤慎
苛敛悉除女中尧舜

[原评] 高后临朝凡九年，悉更安石新法。以常平旧法改青苗，以嘉祐差役改募役，除市易之法，宽茶盐之禁，诏裁损外家恩四之一，有司请受册文德殿，辞以天子正牙，非女主所当御，其廉德不可胜数也。

【原文】宋英宗高后，服用俭质。弟士林将迁官，后曰："毋以妾故乱祖宗法。"乃止。神宗即位，尊为太后。哲宗立，尊为太皇太后，与帝御延和殿①，垂帘听政。散遣修京城役夫，罢减皇城内觇者②。止御前工作，出近侍三十余人。戒敕中外③，无敢苛刻暴敛。废导洛司物货④，及民所养户马，宽保马限。皆从中出，大臣不与。人称"女中尧舜"。

【注释】①御：统治，治理。延和殿：皇宫里用于处理政事的大殿名。②内觇者：探子。③戒敕：告诫。④导洛司：官名。

【译文】宋朝英宗的皇后高氏，穿着使用都很俭朴。皇帝想让她的弟弟高士林升官，高后说："不要因为我而乱祖宗的法度。"皇帝就打消了念头。后来神宗即位，尊她为皇太后。哲宗继位，尊她为太皇太后，她在延和殿垂着帘子，坐在帘后与哲宗一起治理国家政事。高后把来修建京城的役夫遣散，减少皇城里的探子。把皇宫里奢侈无益的事情都停止了，遣散宫里三十多个宫人。警戒朝廷内外官吏，不能对百姓实行苛刻暴敛的手段。废除导洛司的物货，又把王安石新法中叫百姓为皇室养马的养马法废除，或者宽限养马交马的期限。以上这些利民政策，都是高后的决定，大臣并没有参与。所以百姓称高后为"女中尧舜"。

八十四 刘梁甘粝

刘氏为梁父郎侍宵寒粝食
何妨归士

【原评】考宰之兄,在外纳妇,生一女二子。遣归宰,梁氏拊如己出。宰前妻陶氏贤,而早卒。梁氏述及之,每为唏嘘流涕,器用有存者,悉谨视之,曰:"吾不获与贤者共旦夕,见其物如见其人也。"其悌德尤足称矣。

八十四 刘梁甘粝

【原文】宋刘宰继妻梁氏,丽水人,父为吏部侍郎①。笄而择配②,贵胄争委禽焉③。母问所愿,梁氏曰:"吾视诸贵豪子,怙势以陵物,殖货以自丰④,岂能有远志?无宁归寒士耳⑤。"父闻而异之⑥。遂以妻宰⑦,宰时调仪真法曹⑧,俸禄皆脱粟⑨。而掾属以上⑩,例责之仓吏,使易精凿。宰不责,斗籴以奉亲⑪,而己与家人粝食。梁氏乍去膏粱⑫,即甘之。

【注释】①吏部侍郎:官名。②笄:指女子十五岁成年。③贵胄:富贵人家的子弟。委禽:下娉礼。④殖货:增殖财货。⑤无宁:不如。⑥异:惊讶。 ⑦妻:嫁给。⑧仪真:今江苏省扬州市仪征。法曹:执掌司法的官吏。⑨脱粟:粗米。⑩掾属:辅佐之官。⑪籴:买进谷物。⑫膏粱:肥美的食物。

【译文】宋朝刘宰的后妻梁氏,丽水人,她的父亲是吏部侍郎。梁氏到了适婚年龄的时候,家里人为她择偶。许多富贵人家的子弟都来梁家求婚。她母亲询问梁氏的意愿,她说:"我看富贵人家的子弟,都是依仗家里的势力去欺凌别人,积蓄财物以给自己享用,这种人哪里会有远大志向?还不如嫁一个贫苦的读书人。"她的父亲听了觉得很惊讶。后来梁氏嫁给了刘宰,当时刘宰调到仪真任法曹,所得俸禄都是粗米。按照法例,凡是佐官以上的,都可以到守仓的官吏那里把粗米换成精米的。但刘宰没有去换,另外买一斗好米去给爹娘吃,自己和家人吃着粗米。梁氏在娘家吃惯了肥美的食物,刚离开家里到刘家就吃着粗米,但她也觉得粗米甘美。

八十五 刘徐怒金

徐氏峻洁
富妻不屑
见夫怀金
竟请自绝

【原评】刘徐氏其学孟光哉。孟光欲事贤者,适梁鸿有高节,拒势家女以聘之。徐氏欲事有志行者,适刘愚通经学,隐居教授以聘之。至于见夫怀金,竟请自绝,卒得养成其夫廉靖美誉。内助之力,斯为最矣。

八十五 刘愈怒金

【原文】宋廉靖先生刘愈妻徐氏，未笄①，有志操。母欲以嫁姑子之富者，徐氏泣曰："愿得有志行者事之。为富人妻，不愿也。"后归于愈。时愈结庐城南以居，颓垣败壁，蓬蒿萧然②，著书以自适③。徐氏机杼佐之④，晏如也⑤。一日，愈怀白金数铢以归。徐氏艴然曰⑥："妾以君为贤而事君。今若此，请自绝。"愈出书，则诸生所具束脩也⑦，乃止。

【注释】①未笄：未成年。②蓬蒿：指荒野偏僻之处。萧然：简陋。③自适：悠然闲适而自得其乐。④机杼：纺织。⑤晏如：安定，安宁。⑥艴然：愠怒的样子。⑦束脩：学生致送教师的酬金。

【译文】宋朝廉靖先生刘愈的妻子徐氏，尚未成年时就有高尚的操守。她母亲想把她嫁给姑姑家富裕的儿子。徐氏不肯，哭着说："我只想嫁给有志向的人，不想嫁给有钱人。"后来她嫁了给刘愈。这时，刘愈在城南结庐居住，房子很破旧，四处荒野，非常简陋。刘愈在那里著书立说，悠然闲适而自得其乐。妻子徐氏以织布辅佐丈夫，二人很安适地生活。一天，刘愈回家的时候，怀里有几铢白金。徐氏见了，生气地说："我是见你的品行好才嫁给你的。原来你也是贪钱之人，我从今与你断绝关系。"刘愈拿出一封信，原来白金是他的学生们交的学费，徐氏这才作罢。

八十六　谢侯沟箧

侯氏遇盗
侍姑不难
族妇认箧
慷慨与之

【原评】谢侯氏之于姑也，义而孝；于子也，义而慈；于夫也，义而忠且信；其于族妇也，则义而廉。向使族妇不冒认为己物，吾知谢侯氏亦必不愿得此不义之财也。分一酬之其肯受乎？而族妇之贪益显矣。

八十六 谢侯沟箧

【原文】宋谢泌妻侯氏,家贫。盗起,姑疾笃,不能出避。侯氏侍姑侧,誓死不去。盗怒斫之①,仆沟中②。及苏③,见沟侧有箧④,发之皆金珠⑤。有族妇至,认为己物。侯氏与之,族妇分一酬之,侯氏曰:"既是汝物,我何有焉?"却不受。后夫与姑俱亡,子幼。父母欲嫁之,侯氏曰:"夫家所存者,止此耳。忍去而使夫家无后乎?宁居贫养子,饿死,命也。"

【注释】①斫:用刀斧砍。②仆:向前跌倒。③苏:苏醒。④箧:小箱子。⑤发:打开。

【译文】宋朝谢泌的妻子侯氏,家里非常贫苦。有一次,强盗来了,适逢她婆婆病得很厉害,不能逃走。侯氏就留在婆婆身边侍奉她,宁愿死也不肯独自逃走。强盗生气地用刀砍了侯氏,她就跌在了沟里。等她醒来,发现沟旁有一只小匣子,打开一看,里面都是些金银珠宝。这时,同族的一个妇人来了,说这个匣子是她的,侯氏就把匣子给了那个妇人。那妇人打算分一些给侯氏作为酬谢。侯氏说:"既然东西是你的,我怎么好要呢?"终究不肯收受。后来她的丈夫和婆婆都死了,儿子还很小。她父母想她改嫁,侯氏说:"夫家现在所有的,就只剩下儿子了。我怎么能够就这样离他而去,让夫家无后呢?我宁愿过贫苦的日子,也要抚养儿子。如果饿死,也是命中注定的。"

八十七 杨罗出俸

杨氏年种荒園中学纺績不懈散俸惠窮

【原评】 杨罗氏惠以使下,悯及孤穷,俭以治家,勤以励己。年已八秩,纺绩亲劳。子迁五羊,称疾散俸。盖其读书有得,以鲁敬姜言行为法耳。君子谓杨秘阁父子之介也,匪独其性生也,成诸妇道母仪者多也。

【原文】宋杨万里妻罗氏,性清俭。万里官秘阁①,子为帅,土阶田舍,处之怡然。每寒月,黎明即起,诣厨下,躬作粥,召臧获徧食之②,始役使焉。年八十余,于郡圃中种苎③,躬纺绩不懈。子迁五羊④,得月俸奉母。母称疾,尽出之,曰:"吾福薄,乃得此,果致疾。悉散之。"平居服饰无华丽,生四子三女,毕自乳,曰:"饥人之子哺己子,吾不忍为也。"

【注释】①秘阁:掌三馆书之官。②臧获:古时对奴婢的贱称。③苎:苎麻。④五羊:即广州。

【译文】宋朝杨万里的妻子罗氏,生性清正俭约。杨万里在秘阁做官时,他们的儿子在做元帅。但罗氏家里,依旧是用泥土堆成阶梯,好像田舍一样简陋,但她住得安然快乐。每当天气寒冷时,她每天天刚亮就起床,到厨房亲自煮好粥,把下人们都叫来吃了粥,才让他们去干活。八十多岁的时候,还在衙门的菜园种苎麻,亲自纺织,不肯懈怠。后来他儿子去了广州做官,把每月所得的薪俸给母亲,罗氏就说自己有病,把俸禄全部分给别人,说:"我福薄,得到这么多财物,果然就惹出病来。所以我都把财物分给了别人。"罗氏日常起居和服饰一点都不华丽。生了四个儿子,三个女儿,全部都是自己奶大的。她说:"饿着别人的孩子,来哺育我的孩子,这种事情我不忍心做。"

八十七 杨罗出俸

八十八　昭睿无取

元昭睿后
亲执女工
观宝无取
廉洁可风

【原评】昭睿后天性明敏，达于事机。国家初政，左右匡济，与有力焉。观其获俘弗喜，观宝不贪，待宋代全太后之仁，责太保刘秉忠之语，载在史册。卓绝群伦，于元代皇后中，不愧首屈一指。

【原文】元世祖昭睿后翁吉喇特氏，亲执女工①。拘诸旧弓弦练之②，缉为紬③，以为衣，其韧密比绫绮④。宣徽院羊臑皮⑤，置不用。后取之，合缝为地毯。其勤俭有节，无弃物，类如此。帝以宋府库故物，各聚置殿廷上，召后视之，后遍视即去。帝遣宦者追问⑥："欲何所取？"后曰："宋人贮蓄以遗子孙，子孙不能守而归于我。我何忍取一物耶？"

【注释】①女工：指女子所作纺织、刺绣、缝纫等事。②练：洗涤。③紬：粗绸。④绫绮：指薄而有花纹的丝织品。⑤臑：动物的前肢。⑥宦者：太监。

【译文】元世祖的昭睿皇后翁吉喇特氏，她在皇宫中亲手做女工。她把旧弓上的弦线洗干净，再接续起来，织成一种粗绸来做衣服，衣服坚韧得和绫缎一样。宫中宣徽院里有羊腿皮弃之不用，昭睿皇后拿来，一块一块缝起来做地毯。她勤俭有节制，从来不胡乱丢弃物件，废弃之物大都被她重新利用。一天，世祖皇帝把宋朝国库里的宝贝分类放在宫殿里，他把皇后叫来观看。昭睿皇后看完就走了。世祖皇帝叫了个宦官把皇后追回来，问她："这堆宝物里，你有什么想要的？"昭睿皇后说："宋朝的人把这些宝物存起来留给子孙。他们的子孙保不住，这才归了我们。我哪里还忍心去拿他们的东西呢？"

八十八　昭睿无取

八十九 马后宝贤

马后俭约,惜物,尊天,俘玉,何贵所宝,惟贤

[原评]高皇后衮褕虽敝不忍易,每制一新衣,余帛缉为巾縪。织工治丝有遗弃者,亦缉而织之。暇时且讲求古训。尝以宋多贤后,命女史录其家法,朝夕省览,盖其则古为师也。至所宝惟贤,尤善读书经矣。

八十九 马后宝贤

【原文】明太祖马后性厌华饰。正位中宫后,尤崇俭约,服浣濯之衣①。尝曰:"当为天地惜物也。"诸将克元都,俘宝玉。后曰:"元有是而不能守,意者帝王自有宝欤?"帝曰:"朕知后谓得贤为宝耳。"后拜谢曰:"诚如陛下言,妾与陛下起贫贱。至今日,恒恐骄纵生于奢侈,危亡起于细微。故愿得贤人共理天下耳。"

【注释】①浣濯:多次洗涤。

【译文】明太祖皇帝的马后,生性厌恶华丽的服饰。做了中宫皇后后,就更加俭朴简约了,身上穿着洗涤多次的衣服。她曾说:"应当为天地爱惜物品啊。"明朝的将官攻克了元朝的都城,俘获了他们的宝贝金玉。马后说:"元朝皇帝有宝贝金玉,但他们仍不能长做皇帝。那是说做皇帝的应该有其他宝物吗?"明太祖说:"我知道了,你是说做皇帝,应该以贤人为宝贝吧。"马后拜谢说:"我的意思,正如皇上所说的。我与皇上出身贫贱,如今我们做了皇帝皇后,恐怕从奢侈中生出骄奢放纵的行为,从细微的事上生出危亡的祸患。所以希望皇上得到贤人,一同治理天下。"

九十 中妻诵诰

吴中之妻
受封诵诰
终篇无愧
微言劝导

【原评】河东狮吼,此妇人七出之条也,乌乎可!而吴中之惮妻,则非狮吼之故也。盖其妻秉正中闺,故一语可以愧夫,且声闻禁内矣。吾以为吴中幸有此妻耳。不然,以吴中之品格卑陋,更不知伊于胡底矣。

【原文】明吴中在工部为官,惟知谄事中人①,虐使工匠而不恤。工匠之逃亡者动辄以数千计,每赴役,且请械以威之②。惟严惮其妻不敢稍忤③。一日,领诰命至家④,以遗妻。妻既拜受,命左右取吴中诰来,为我诵之。听毕,曰:"上自为乎?"中曰:"翰林代草耳⑤。"妻笑曰:"翰林诚知人,终篇何尝有一廉字?"中面赤,强笑而已。其语至闻禁中⑥。

【注释】①谄事:奉承,献媚。中人:宦官,这里指有权势的宦官。②械:刑具。③惮:害怕。④诰命:皇帝颁奖或授官的命令。⑤翰林:官名,指翰林学士。⑥禁中:皇宫。

【译文】明朝的吴中,在工部任官。吴中只知道竭力去谄媚有势力的太监,而对工匠则是虐待不加体恤,因害怕他而逃走的工匠随便就有几千人。吴中每次叫工匠去做工时,都要带上刑具去威吓他们。吴中恶行屡屡,唯独非常害怕老婆,不敢有些微忤逆她。有一天,吴中领了诰命,回到家给妻子。妻子拜受后,叫侍奉的人把吴中的诰命拿出来读给她听。她听完问:"这是皇上自己写的吗?"吴中说:"是翰林代写的。"他的妻子就笑着说:"翰林真是了解你呀。你看这篇诰命里,哪里有一个'廉'字呀?"吴中听了惭愧得面红耳赤,只好勉强笑一笑。这件事后来传到宫里去了。

九十一 郑鼎还帛

严妻郑鼎
家计维艰
丧帛不受
置筐复还

[原评] 不以夫家贫告父母,已鲜矣。乃父母知之,而故自修饬,不露其贫,尤鲜。父母与之,而申明成法,不受其财,则更鲜。至区区一丧帛,且不肯受。密置其筐,则复还之。愈足征其一介之不苟也。

九十一 郑鼎还帛

【原文】明严日权妻郑鼎,母家富而严贫,未尝以贫告父母。父母畀之财①,则曰:"郑氏固有家法,何以女贫多畀财乎?"终不受。父卒,母遗之帛曰:"斯若翁丧帛也②。今不成服矣,以遗汝。"泣曰:"父死不忍视其书,以手泽存也③。丧帛之存,比书为甚。何忍受之?"母密纳诸其笥④。归而知之,于次年省母时,复还母。后家愈贫,不受兄弟一钱。

【注释】①畀:给予。②斯:这。若:你的。③手泽:手汗。④笥:竹制的容器。

【译文】明朝严日权的妻子郑鼎,她的娘家很有钱,但夫家很穷,她从未告知父母夫家贫困的情况。父母给她钱财,她就说:"郑家一向有家法,哪里能因为女儿贫苦就多给我钱财呢?"始终不肯接受父母的钱财。后来她的父亲死了,母亲送给她一匹布帛,说:"这是你父亲的丧帛呀。现在不能做衣服了,就送给你吧。"郑鼎哭着说:"《礼记》中说,父亲死了,后人不忍去看他遗留下来的书,是因为上面还有父亲留在的手汗。而见丧帛的感触,比见遗书更大,我怎么忍心受了呢?"他的母亲暗地里把这匹帛布放在女儿的竹箱里,郑鼎回到家里才发现帛布。到了第二年去望母亲的时候,她又把帛布拿回去还给母亲。后来郑鼎夫家更加贫穷,但她也始终不肯接受兄弟的钱财。

九十二　洪蔡安贫

洪蔡氏妻以富家女嫁安居贫澉纺绩躬亲

[原评] 孟光之于梁鸿,桓少君之于鲍宣,徐女之于刘愚,皆以富家女而嫁贫儒,克随夫安贫处约,已为难能可贵。而洪蔡氏后为侍郎夫人,从居官舍,布衣粝食,力勤纺绩,不异旧时,更进一层矣。

【原文】明洪朝选妻蔡氏，闽人①。其父夙为大贾②，甚富。蔡氏自于归朝选后，始知世间有贫苦之事。朝选家居湫隘③，淖泥满庭，蛛丝虫茧，网户黏壁。蔡氏安之。每遇客至，或饷田夫④，亲与灶妪厨婢，均其劳苦⑤。见妯娌纺绩⑥，心甚悦之，昼夜习焉。不数月，尽精其业。后朝选官至侍郎，蔡氏从居官舍，布衣粝食，力勤纺绩，不异旧时。

【注释】①闽：福建省。②贾：商人。③湫隘：低下狭小。④饷：馈食于人。⑤均：一样。⑥妯娌：兄弟妻子的合称。纺绩：把丝麻等纤维纺成纱或线。

【译文】明朝洪朝选的妻子蔡氏，福建人。她的父亲是个大商人，家里很富裕。蔡氏自嫁入洪家，才知道世间原来有贫苦这回事。洪朝选的房子低矮狭小，满地烂泥，窗户墙壁黏满了蛛丝虫茧。蔡氏也安然住着这种地方。每逢有客人来，或者要去给种田人送饭，蔡氏都会与厨房的奴婢一起劳苦。蔡氏见到她的妯娌在纺纱织麻，她非常喜欢，日夜跟随她们学习。没有几个月的工夫，就精通了女工技巧。后来洪朝选官至侍郎，蔡氏跟随丈夫到官府居住，但仍然穿布衣吃粗米，辛勤纺纱织麻，和以前贫穷时一样勤俭。

九十二 洪蔡安贫

九十三 任琛婚嫁

任琛躬纫,以俭佐廉,婚取清白,嫁不丰奁。

【原评】 当马森举进士时,家召贺客,有请歌舞为欢者。任氏白姑曰:"森素约,亦将有所树耳。闻之毋乃不安。"姑以为然,遂出止之。任氏处处以俭佐廉,故其夫其子,皆以清廉见重于时尔。

【原文】 明马森妻任琛,随森仕宦,所至必课僮莳蔬①,躬纫丝枲②,以俭佐廉。生二子,曰荧,曰燮。有言某尚书欲以女妻荧,任氏谢曰:"我家薄宦,何敢逆女高门③?"后属森之贫交为蹇修④,为燮娶世尚书林女,曰:"非以其盛,为清白耳。"所生四女,为治奁具⑤,皆不及中人家。戒之曰:"吾昔嫁书生,今汝辈公子同归,慎勿谓俭,厚汝辈多矣。"

【注释】 ①课:督促。莳:耕种。②躬:亲自。枲:麻。③逆:迎接。高门:大户人家。④蹇修:媒妁。⑤奁具:嫁妆。

【译文】 明朝马森的妻子任琛,跟着丈夫上任。她每到一个地方,一定督促僮仆种菜,自己亲自绩麻。她以自己的勤俭,去辅助丈夫的廉洁。她生了两个儿子,一个叫马荧,一个马燮。有人说某尚书要把女儿嫁给马荧,任氏辞谢说:"我们家所任的官职很小,怎么能敢娶高门之女呢?"后来嘱托马森贫贱时所交的旧朋友做媒人,为马燮娶了尚书世林的女儿。任氏说:"之所以娶世家之女,不是因为他们高门大户,而是因他们也是清白人家。"任氏有四个女儿,她给女儿置办的嫁妆,还不及中等人家的。任氏对女儿们说:"我以前嫁给一个书生,现在你们都嫁给贵家公子。你们不要认为嫁妆少,比起我以前,你们已经很丰厚了。"

九十三 任琛婚嫁

九十四　潘郭诗诫

郭氏诫子诗句遗徽
为官廉德胜舞斑衣

【原评】 潘郭氏事舅孝谨,事妾姑如其姑,事夫兄弟和而敬,固已孝悌兼全矣。盖其最好《太上感应篇》,深味有得。故列古今格言于座隅以自儆,记当时朝臣之成败以诫子。廉诗四句,尤足录为千秋之仕训。

【原文】明潘维城妻郭氏,少习文史。尝取古今格言,列诸座隅以自戒。既归维城,夜每伴其读书。子洙官至藩司①,郭氏尝示以诗云:"愿子为官廉以德,殊胜斑衣舞老莱②。"又云:"人生名利等秋叶,惟许丹心照天地。"少从父尚宝卿立彦居京师③,当时朝臣,如严相、张司马、王中丞、陆锦衣辈,始终成败,历历记之,时述以诫诸子焉。

【注释】①藩司:掌管财务的官员。②斑衣舞老莱:讲述的是老莱子穿着彩色衣服跳舞,以为高寿父亲祝寿的故事。以取令双亲安慰快乐的意思。③尚宝卿:即尚书郎。

【译文】明朝潘维城的妻子郭氏,小时候就读过经史百家的书。她曾把古今名人的格言录写出来,贴在座位旁边的墙角上,用以自戒。她嫁给潘维城后,夜里常常陪伴丈夫读书。她的儿子潘洙,官至管财务的藩司。她曾经写诗以告诫儿子要清廉,诗的意思说:"但愿儿子做官有廉洁的德行,那就比老莱子着上斑斓的衣裳跳舞,更能使父母安慰。"又有一首诗说:"人生在世,名利二事,就秋叶一样轻薄易逝,只有丹心一片可以照耀天地。"郭氏小时候就跟着任尚宝卿的父亲郭立彦一起住在京城,当时朝廷的官吏如严相、张司马、王中丞、陆锦衣等等这群人,他们一生的兴衰成败,她都记得很清楚,后来时常把他们的事情去警戒子孙。

九十四 潘郭诗诫

九十五　李林却枋

李妻林氏
夫妇节廉
却枋再四
守命清严

【原评】郭燮熙谓：林夫人与文节公，砥砺清苦，穷达始终如一，真贤配也。其得以同有千秋者，乃不在富贵而在名节，天爵之贵于人爵也如是。而蔡太守不薄待其师，亦不愧为文节门人也夫。

【原文】明李廷机致政归①。卒之日，所遗宦橐②，仅四十四金，语其妻林氏曰："以二十金治木，以二十金治丧。"时泉州蔡太守觅上次二副杉枋③，以备选用。林氏曰："治木治丧，皆有成命。公岂不知太师生平乎？"往复再四，不受。蔡曰："昔门人厚葬颜渊，夫子不能禁。岂吾麾守斯土④，而敢以俭薄待吾师乎？"林氏不得已，因取其次者。

【注释】①**致政**：辞官卸任。②**宦橐**：因做官获得的钱财。③**杉枋**：杉木做的棺材。④**麾守**：镇守的地带。

【译文】明朝宰相李廷机，告老还乡。死时，因做官而得的俸禄就只剩下四十四两银子了。李廷机对他的妻子林氏说："我剩下银子，用二十两去买棺材，二十两用来办丧事。"这时，他的一个姓蔡的门生正任泉州太守，送来了两副棺木，让林氏选一副去用。林氏说："采办棺木、办理丧事，太师已经有遗命了。难道你还不清楚你老师的清廉吗？"如此一送一还四次，林氏始终不肯收受棺木。蔡太守说："以前孔子的门人厚葬颜渊，孔子也没有禁止。我在这里做地方官，哪里敢让我的老师薄葬呢？"林氏推辞不掉，不得已就选用了那副次等的棺木。

九十六 申蒋移奁

蒋氏廉德盖世所无
己之奁具尽遗小姑

【原评】嫁女之家，闻有小叔姑则戚，而嫂亦厌恶此两人，若不可一日有。何者为姑耳目？潜愬相虐也。能善事小姑，已为贤妇。况己之奁具，母家物也，肯尽数以与小姑乎，乃曰"固妾姑也"。其廉德，古今一人耳。

【原文】 明申在廷妻蒋氏,祁阳人①。父应春为砀山尉②,家殷富。蒋氏自幼不识人世穷苦事,及归在廷,卸簪珥,却绮罗。从姑亲井灶,夜篝灯伴作,饥寒不告。小姑嫁期迫,在廷力不能办奁③。蒋氏曰:"妾嫁未一年,诸所需用皆备,可用以遣妹。"在廷曰:"非所冀也。"蒋氏嗔曰:"夫知为妹乎,固妾姑也④。敢吝此服器而贻家累乎⑤?"在廷叹服。

【注释】 ①祁阳:在湖南省永州市,因在祁山之南而得名。②砀山:在安徽省北部。尉:官名。③奁:嫁妆。④固:固然。⑤家累:家庭负担。

【译文】 明朝申在廷的妻子蒋氏,祁阳人。他的父亲蒋应春,在砀山做官,家境富裕。蒋氏从小长于富贵家,不知道世间有贫苦这回事。她嫁到申家后,卸去发簪耳环,脱下罗缎衣裳,跟着婆婆在井边汲水,在灶下烧饭。晚上点着灯,伴着婆婆做劳作。就是饿了冷了也没有告诉别人。后来她的小姑嫁期逼近,申在廷没有能力为妹妹置办嫁妆。蒋氏就说:"我嫁来不到一年,小姑嫁妆所需要的物品,我的嫁妆中都有,可以全部给小姑拿去。"申在廷说:"这不是我希望的。"蒋氏生气地说:"你要知道你的妹妹,固然就是我的小姑呀。哪里能吝惜这几件器皿和衣服,而增加家庭负担呢?"申在廷听了,叹服妻子的贤德。

包拯贡砚图